基于产出导向日语专业基础阶段混合式培养模式的建构与实践研究

郝卓——著

图书在版编目(CIP)数据

基于产出导向日语专业基础阶段混合式培养模式的建构与实践研究 / 郝卓著. -- 北京 : 中国书籍出版社, 2020.10

ISBN 978-7-5068-8075-6

Ⅰ. ①基… Ⅱ. ①郝… Ⅲ. ①日语 - 教学研究 Ⅳ. ①H369.3

中国版本图书馆 CIP 数据核字(2020)第 215758 号

基于产出导向日语专业基础阶段混合式培养模式的建构与实践研究

郝　卓　著

图书策划	成晓春
责任编辑	毕　磊
责任印制	孙马飞　马　芝
封面设计	王　斌
出版发行	中国书籍出版社
地　　址	北京市丰台区三路居路 97 号(邮编:100073)
电　　话	(010)52257143(总编室)　(010)52257140(发行部)
电子邮箱	eo@ chinabp. com. cn
经　　销	全国新华书店
印　　厂	三河市明华印务有限公司
开　　本	710 毫米×1000 毫米　1/16
字　　数	227 千字
印　　张	12. 75
版　　次	2021 年 6 月第 1 版　2021 年 6 月第 1 次印刷
书　　号	ISBN 978-7-5068-8075-6
定　　价	68. 00 元

前　言

“产出导向法”(Production-oriented Approach,简称 POA)是北京外国语大学文秋芳教授及其团队针对中级、高级外语学习者提出的一种全新的具有中国特色的大学外语课堂教学理论。该理论旨在改变我国外语教学中长期存在的“重输入,轻输出”“重语言知识,轻语言交际能力”的现状。该理论强调“输出”的重要作用,不仅将语言“输出”作为教学目标,也将其作为驱动手段,同时,将语言“输入”活动作为产出任务的促成手段。该方法实现了语言输入和输出的有效结合,解决了我国外语教学中“重学轻用”“重用轻学”或“学用分离”的弊端。

具体来讲,产出导向法理论体系的内容和优势如下。

(1)以“学习中心说”“学用一体说”和“全人教育说”为基础。区别于一直以来备受推崇的“以学生为中心”或“以教师为中心”说,主张课堂教学的一切活动都必须实现教学目标和促成有效学习的发生。

(2)“驱动—促成—评价”为教学核心,是具体实施的教学流程。

(3)建立“输出—输入—输出”驱动式教学模式。颠覆了“先输入,后输出”的常规教学顺序,也不等同于“以学生为主体”的“布置任务—小组讨论—输出”的翻转课堂教学法,而是将产出活动作为驱动手段和教学目标,将输入活动作为促成手段。始于产出、止于产出，达到即学即用的教学效果。

对于“零基础”的日语学习者而言，初级阶段是养成良好语言学习习惯和掌握科学训练方法的黄金时期。若从基础阶段就注重学用一体产出能力的培养，对整个日语专业人才的培养有着积极的意义。将“产出导向法”应用到基础日语教学，相信会为专业的日语教学带来良好的效果。

“互联网+”是知识社会创新2.0推动下的互联网形态演进及其催生的经济社会发展新形态；是互联网思维的进一步实践成果，推动经济形态不断地发生演变，从而带动社会经济实体的生命力，为改革、创新、发展提供广阔的网络平台。信息化技术已经渗透到社会的各个方面。在教育领域中，一场信息化的颠覆性变革正悄悄地发生着。随着互联网技术的广泛推广，社会各个行业都出现了与互联网逐渐融合的趋势。同时传统的语言教学模式已经满足不了教学的需求。在这样的趋势下，通过与“互联网+”相结合创造出很多新的教学模式。如微课、翻转课堂等被广泛运用到教学中，这些新的教学模式促进了教学方式的改革与创新。“互联网+”的组合模式逐步改变人们的思维方式、工作模式。因此有必要利用互联网技术，引进“互联网+语言”的教学模式，形成全方位、体系完善的教学模式，从而提升学生的日语学习兴趣，进一步提升日语课程的教学效果。

混合式教学模式指的是线上与线下结合，传统教学与网络教学相结合，课程中有一部分教学内容以网络形式存在，并且教学形式多样化。本书以“产出导向法”为基础，结合互联网+背景，探讨基于翻转课堂的日语专业基础阶段混合式培养模式。主要阐述混合式教学的理论依据、改革方向、教学原理、课程设计，以及课内与课外、线上与线下的融合等问题，研究日语专业基础阶段混合式教学模式怎样促进“产出导向”式的语言学习。

期待通过教学实验，验证“产出导向法”理论应用于“零基础”日语课堂教学的可行性、有效性，形成研究报告，构建基于“产出导向法”理论多媒体环境下基础日语课程线上线下混合式教学新模式。通过教学实验，学习者的语言输入与输出能力、自主学习能力、思辨能力等均有提升。

本书在写作过程中，参考了大量资料，综合了相关领域最新的研究成果，并得到许多专家与同行的指导和建议，他们为本书提供了很多有价值的建议，使本书得到不断的修改和完善。但因种种限制，书中所涉及的一些问题内容仍然不够全面，很多观点还不够成熟，欢迎广大读者和专家学者们批评指正。

作者

2020年10月

目　录

第一章　日语教学概论

本章主要介绍日语教学的相关理论，涉及日语教学法的科学内涵、日语教学法的理论体系和理论基础，日语教学法的内容及教学目标，其中包括日语教学的主体、日语教学的过程、日语教学的内容、日语教学的目标等问题。

第一节　日语专业教学理论

一、日语教学法的科学内涵

（一）日语教学与日语教学法

日语教学和其他教学活动一样，是一种有目的、有组织、有计划的活动。学生在教师指导下从假名开始学习日语知识，逐步掌握听、说、读、写等日语技能，这是个极其复杂的发展过程，这个发展过程具有客观规律。日语教学法就是研究日语教与学的过程及其规律的科学。

日语教学法这一概念包括以下要素：日语、日语教学、日语教学法。日语是指日本民族使用的语言以及与语言交际息息相关的社会文化知识。日语教学是关于日语语言知识与技能的教与学的活动，具体指教师指导学生学习日语语言文化知识，掌握日语听、说、读、写等能力以及汉日语言互译能力、跨文化交际能力，同时帮助学生获得一定的身心发展，形成一定的思想品德的活动。学校的日语教学通常是在一定的教学目标指引下，按照既定的教学计划和大纲，采用符合教学目标和教学对象实际的教科书，在具有日语教学技能、日语知识和日语能力的教师的具体指导下，针对特定的教学对象实施的活动。日语教学法还是研究日语（作为外语）教学理论和实践的科学：日语教学法不仅研究日语教学的基本理论，还研究日语教学的具体方法，如讲授法、翻译法、演绎法、练习法等，还要研究针对不同国别、不同年龄段、不同固有知识水平的教学对象开展教学时需要采取的方法和策略。因此，日语教学法既是研究理论的科学，也是师生围绕日语知识与技能展开的教与学的实践活动。

（二）日语教学法的体系

日语教学法的体系组成有两种含义，一是指它的广义内涵，又称为亚体系。二是指它的狭义内涵，即教学法所包含的内容。

从广义看，日语教学法的亚体系由基本理论、基本知识、基本实践、基本操作、专业思想组成。

1. 基本理论

日语教学法的基本理论包括一般语言观、心理观、教育观以及相应的规律、模式、原理，如语言知识和言语技能的统一，智力因素和非智力因素的统一、教学和教育的统一等。基本理论也包括具体的日语教学观点、原则、路子，如听说读写并举，语音、语法、词汇综合，学习和习得结合等。

2. 基本知识

基本知识是基本理论的应用，包括各个方面的教学方法、方式，各种类型的教学手段、技术的运用和使用，以及有关的道理和说明等。具体的语言知识教学法、言语技能教学法、课外活动组织法、现代化教育技术手段使用法，以及强化性和艺术性教学法等，都属于基本知识之列。当然，基本知识和基本理论的划分是相对的。

3. 基本实践

日语教学法的基本实践是指初步把日语教学法基本知识和基本理论应用于教学实践的尝试。这种实践带有训练性质。但是在基本实践中，实践者也要努力发挥创造性。基本实践的主要形式是教育实习、见习、评议会、讨论会等，包括听课、备课、写教案、上课、批改作业、辅导、家庭访问、指导课外活动等一系列的教学实践。通过实践形成能力。

4. 专业思想

发自内心希望自己能成为一名合格日语教师的专业思想是学习和研究日语教学法学科的出发点和归宿。本学科的广度、深度、难度，学科教师和发展所需要的思想修养、文化修养、逻辑修养等，都会促进日语教育研究者、工作者对之产生兴趣，进而转化为对日语教学工作的兴趣，这也会促进专业思想的树立和巩固。教学是创造，教学法学科的发展是创造。抓住创造，教学法学科的基本问题就容易解决。学习教学法就是学习创造，研究教学法就是发挥创造性，创造就有价值，这是教学法学科发展的原动力。

从狭义看，日语教学法的组成成分主要分为两大部分：教学思想和课程设计。课程设计可分为教学目的、教学内容、教学流程、教学方法四个部分。教学思想是课程设计的指导思想和原则，课程设计是教学思想的体现。不同教学法体系首先表现在教学思想上，其次体现在课程设计上。

教学思想是对语言特性及其社会功能、对语言掌握、对母语和日语掌握过程的异同等的认识以及组织教学过程的原则。

教学目的指确定课程的教学目的。教学内容兼指教学内容范式、选择标准、量时比及组合教学内容的体系和原则、编排顺序等的设计。教学流程指整个教学过程组织的设计，如课程整体安排，教学阶段的划分和衔接，课型和分工，课内教学和课外教学的配合和分工等的原则。教学方法指课内外教学基本模式的设计。

二、日语教学法的理论基础

（一）外语教学法发展历程

外语教学是一个复杂的过程，影响它的因素比较多。由于外语教学是学校教育的组成部分，它必然与其他学科的教学一样，受到教育学、心理学和教育领域一般教学论的影响。然而，外语是一门语言学科，外语教学法的主要理论基础是语言学。自语言学成为一门独立学科后，每一主要流派都有体现它基本理论的相应的外语教学法。但是，外语教学并不完全依附语言学，它具有相对的独立性；有的外语教学法（如直接法）并无相对应的语言学流派作为理论基础；因此，不能机械地将语言学流派与外语教学法看成一对一的关系。

外语教学法理论是在 19 世纪历史比较语言学的基础上形成的。20 世纪 60 年代之前，以语法翻译法、直接法和听说法为代表，一般称它们为传统的外语教学法。

20 世纪 50 年代末 60 年代初，语言学领域的生成转换语法理论取代了结构主义语言学的主导地位；几乎在同一时期，行为主义在心理学的主导地位被认知学派所取代。语言学（当时为生成转换语法理论）与心理学（当时为认知学派）的结合产生了一门新的交叉学科——心理语言学。在此基础上，外语教学领域产生了一个新学派——认知法。

20 世纪 60 年代末 70 年代初，随着另一门新兴学科——社会语言学的诞生，社会语言学家海姆斯提出了“交际能力”的概念，在外语教学界引起了强烈的反响，交际法学派随即迅速崛起。

认知法和交际法的产生改变了外语教学的方向，标志着外语教学告别了传统时代，进入了一个新时代。首先，传统外语教学法都以教师为中心，学生跟着教师被动地接受知识与技能，而认知法强调根据学生的认知规律进行教学，交际法着重培养学生主动交际的能力，使学生成为课堂的主人。其次，认知法主张发展学生创造性的思维，交际法注重语言的社会交际功能，它们分别从语言与思维、语言与社会两方面的关系上体现了语言的心理和社会属性，从语言的本质出发把握外语教学的方向，反映了当代的语言观。在认知法和交际法的带动下，出现了一批新的外语教学法。

20 世纪 70 年代的教学法，除个别（如“全身反应教学法”是直接法的新形式）外，大多受认知法和交际法的影响，理论基础基本上是心理语言学和社会语言学。

20 世纪 80 年代后，外语教学法的改革思路进一步拓宽，涉及的层面更为开阔，出现了一个观点和方法多样化的局面。在信息时代的推动下，应用语言学发展很快，不仅心理语言学与社会语言学领域对外语教学的研究不断深入，而且语言习得与语言学习的科研也取得了重要的成果，使外语教学法的理论与实践朝着纵深的方向发展。许多外语教学研究者不满足于将外语教学的改革仅局限于外语学科的范围内。他们认为，外语课的教学效果再好，也不过是一周几堂课而已。只有将改革扩大到整个学校课程改革的框架中，使外语课与其他课程相结合，才能进一步提高学生的外语水平。于是兴起了“沉浸法”“整体教学法”和“基于内容之教学法”“翻转课堂教学法”等外语教学法。实际上，这些方法的基本做法在20世纪80年代前就已经存在，但经发展及被赋予新的内容后，面貌大为改观。但是，任何新教学法的兴起并不意味着旧方法的消亡。无论是传统的还是新兴的外语教学法都是在一定的历史条件下产生的，都各有长处和局限性。重要的是，我们应该学习和掌握各种不同的教学方法的特点，根据具体的教学要求，自觉地、灵活地运用它们为不同的教学目标与对象服务。

（二）外语教学法诸流派

1. 语法翻译法

语法翻译法是外语教学中历史最长与使用最广泛的方法之一。无论在我国或国外，早期的外语教学都普遍采用语法翻译法。18世纪末，欧洲的拉丁语和希腊语的教学方法大多为语法翻译法，19世纪盛行的历史比较语言学更为语法翻译法提供了理论基础：通过翻译的手段和比较母语与外语语音、词汇和语法的异同达到掌握外语和欣赏外国文学作品的目的。

语法翻译法的教学目的是培养学生阅读外语范文（特别是古典文学作品）和模仿范文进行写作的能力，以便在考试中取得好成绩。为达到此目的，教师系统传授、学生全盘接受外语语言知识。主要的教学方法为讲解与分析句子成分和语音、词汇变化与语法规则。词汇教学多采用同义词与反义词对比和例句示范法。讲解与分析语法基本上采用演绎法，即教师给出规则和结论，要求学生记忆和用规则解释课文。语法翻译法的教学特点表现在以下几方面。

①课堂管理采用教师权威模式，教学是教师向学生灌输知识的单向行为。学生很少提问，学生之间交流更少。

②文学语言优于口语；在听、说、读、写四技能中，重视读写，轻视听说。

③课堂用语大部分是母语。通过翻译检查教学质量。练习方式有单句填空、造句、背诵课文和作文等。

语法翻译的优缺点如下。

①学生语法概念清晰，词义理解比较确切，翻译能力得到培养。

②语法翻译法能配合其他阅读与写作教学法，帮助学生提高阅读与写作能力。

③教师的绝对权威地位有碍学生的主动性。学生学习被动，有些人失去兴趣，学习困难的学生常缺乏学好外语的信心。

④语法翻译法不能全面培养学生运用外语进行交际的能力。特别是口语能力。长期使用语法翻译法会使学生患上外语聋哑病。由于语法翻译法具有上述缺点，初学外语时，不宜经常使用这一教学法。

2．直接法

19 世纪末 20 世纪初，欧洲和北美洲等地加速了工业化的进程，国际交往日益频繁，各国对外语人才的需求量迅速增长。采用语法翻译法培养的学生已不能适应时代的需求。语言学领域内出现了改革运动，以英国语言学家斯威特（H. Sweet）为代表的改革派强调口语和语音训练的重要性，推动了外语教学改革，与语法翻译法针锋相对的直接法便应运而生。直接法首先由法国人古因（Gouin）提出，后由他的弟子索斯（de Sauze）在美国倡导，并由教育家伯里兹（Berlitz）在教学中实施，由于他们的推广，20 世纪初直接法流传颇广。

直接法的教学目的是使学生的外语能力接近以所学语言为母语的人的水平。所谓“直接”，是指在外语教学中排除母语的干扰，直接将外语与实物、图片和行动结合起来，因为外语学习应与儿童习得第一语言一样，起始于接近生活的口语，而不是文学作品中的书面语。直接法的教学特点表现在如下几点。

①学生大量听教师自然语言和看图片、幻灯、电影，边实践边模仿，来掌握外语语音、词汇和语法，而不是通过教师详尽的讲解学习外语。因此，要求教师应以外语为本族语，如英语教师一般都是以英语为本族语的英美等国人。

②教学中完全不使用学生的第一语言与翻译练习。语法教学采用归纳法，即学生接触了大量语言现象后进行归纳。

直接法的优缺点有如下几点。

①学生通过听说外语和自己的活动，接触和运用大量自然语言，有利

于增强外语语感，提高外语实践能力、特别是听与说的能力。

②学生积极参与课堂教学，学习主动性比较强。对小学生和初学外语的成人，直接法在激发学习外语的兴趣方面效果良好。

③直接法难以教授复杂和抽象的语言内容和结构，因此一般不适合于高中和大学综合类外语课程教学。一些内向型学生也不欢迎直接法，他们在教师采用直接法时态度比较消极。

④完全排除母语与翻译练习使学生不易掌握一些复杂的概念，同时，使用过多外语迂回解释某一现象往往浪费了课堂上宝贵的时间。

3．听说法

听说法是20世纪40年代末在美国形成的外语教学法。二战期间，美国军队进驻很多国家，军人急需掌握外语，美国政府委托数十所高校制定了军队外语培训计划，在密执安大学教授弗里斯（C. Fries）等人领导下开展对军人外语的培训工作。弗里斯与他的合作者拉多（R. Lado）长期从事外语教学工作并接受了结构主义语言学的基本观点。他们在丰富的实践经验的基础上，特别是通过军队外语培训等教学活动，创立了听说法。

听说法以结构主义语言学和行为主义心理学为理论基础。结构主义语言学运用于外语教学时，明确地将语言能力分解成听、说、读、写四方面的技能。体现这一观点的听说法，就将培养学生外语听、说、读、写的实践能力作为教学目的。同时，结构主义语言学的美国学派大多持描写语言学派的观点，他们视口语为第一性，书面语为第二性。听说法的倡导者也认为，体现口语的听说能力的培养应优先于使用书面语的读写能力。因此，听说法有时也称“听说领先法”。听说法的教学特点表现在以下几方面。

①根据行为主义的基本观点，听说法认为外语学习是通过“刺激→反应”形成习惯的过程。课堂上除了教师尽量用外语上课外，还大量使用录音、录像和电化教具作为刺激手段，并采取模仿和机械操练等方法强化学生的反应，巩固所学内容。

②句型操练是听说法的基本特征之一。主张听说法的教材一般都根据语法和句子结构系统列举外语句型。它们不仅被安排在每一课对话里，而且体现在课文后句型替换练习中。上课时要求学生做大量快速反应的句型操练。

③听说法认为学生在外语学习中的错误是第一语言干扰的结果，因此，应采取有错必纠的态度。对错误本身则采用“对比分析法”，将正确与错误的语言项目进行详尽的比较，让学生进行操练，以克服第一语言的干扰。

④早期的听说法注重机械操练。语言练习常采用“最小单位对比”。语言结构练习采用句型操练。20 世纪 60 年代后，这种不利于学生创造性学习的教学方法受到批评，一些应用语言学者开始改进听说法，使操练朝着有意义和有利于实际交际的方向发展。其中最具有代表性的是波尔斯顿（C. B. Paulston）提出的“MMC”法，即机械操练（mechanical drills）→有意义的练习（meaningful exercises）→交际性活动（communicative activities）三步骤。第一步骤为早期的机械操练。第二步骤为有意义的练习，这时教师给出结合学生生活的情景，让学生在规定的情景中做语言操练。在第三步骤的交际活动中，可请以英语为本族语的人来交谈，要求学生在交谈中尽量用所学语言结构等。这一方法颇受外语教师欢迎。

⑤听说法提倡用外语上课，但它不像直接法那样完全排除母语。对于一些难以理解或抽象的词汇或语法结构，常用学生的第一语言作简短解释，以免浪费时间。

听说教学法的评价如下。

①使用听说法培养的学生敢于大胆、主动地与外国人交谈，外语实践能力（特别是口语能力）比较强。在运用外语时，语言结构比较规范，流利程度比语法翻译法培养的学生有明显的优势。

②听说法提倡的句型操练对初学外语者帮助较大，已广泛运用于外语教学中。听说法采用的一系列语音教学与测试方法也常用于外语教学与测试中。

③最大的弊端是不利于发展学生创造性的思维。大量机械操练、模仿和简单重复使学生处于鹦鹉学舌的状态。学生长期跟着教师转，失去了学习的主动性。

④过分强调听与说的能力，放松了培养读与写的能力，不仅影响了实践能力全面提高，而且也使进一步发展听、说能力受到限制。

1. 认知法

认知法的理论是心理语言学。主张认知法的人认为，乔姆斯基关于

"语言能力"的基本观点与认知心理学有关认知过程的理论应成为外语教学的指导原则。心理语言学形成之初，研究内容和方法都深受生成转换语法理论的影响，两门学科时而交叉，很难分辨它们的界限。这导致有些人认为认知法的理论基础是生成转换语法理论，但由于认知法的一些教学原则出自于认知心理学的基本理论，因此，认为认知法的理论基础是心理语言学比较确切。

从字面上看，认知法的教学目的与直接法和听说法一样，都是为了使学生的语言能力能接近以所学语言为母语的人的水平。但是，认知法所指的"语言能力"是生成转换语法理论所主张的内化语法规则的能力，它体现在听、说、读、写四种技能之中，而不同于直接法和听说法主要培养口语实践能力。认知法的教学特点表现在以下几方面。

①认知法明确指出，外语教学应以学生的认知活动为主，而不应让教师主宰课堂。采取直接法和听说法的教师往往主观设计各种教学环节，认知法却要求教师的备课建立在学生认知的特点上，根据学生认知过程进行教学。

②认知法的一个重要特点是反对机械模仿，注重培养学生的创造性思维，鼓励学习和使用外语中的创新精神。为此，认知法要求让学生明确每堂课甚至每一练习的教学目的，无论是学习语言知识还是技能训练都强调理解其中的内容，使学生能根据教学目标创造性地学习。

③认知法的教学重视语法，必要时可用母语进行教学。然而，认知法的语法教学又与语法翻译法不同，它要求通过有意义的练习达到此目的。同时，认知法根据认知心理学的原理，强调教学必须遵循从学生已知、即已经掌握的知识，到未知、即新知识领域的认识过程，它不同于语法翻译法大量使用的演绎法。

对认知法的评价如下。

①认知法强调培养学生的创造性思维，这是传统外语教学法的薄弱之处。在外语教学中发展创造性思维和提倡创造性精神不仅能从根本上提高学生的外语水平，而且有利于加强对学生总体的素质教育，符合新世纪对人才的要求。

②认知法主张外语学习必须理解语言规则，语言练习必须有意义并结合学生的生活实际，有利于调动学生学习的积极性，也有助于提高使用外

语的准确性和得体性，这恰恰是听说法所欠缺的。

③使用认知法时，讲解语法必须恰到好处。若费时过多或讲解过于详尽，就可能走到语法翻译法的老路上去。同时，认知法强调语言练习必须有意义，全盘否定机械操练，在实际教学中并不可行。特别是在初学阶段，一定数量的机械练习是不可避免的。因此，如何处理语法教学和机械操练与有意义练习的比例仍然是认知法需要探讨的问题。

④认知法的另一个缺点是未强调培养学生的交际能力。在使用认知法时应多开展课外活动，为学生使用外语进行交际提供更多的条件和机会。

5. 交际法

交际法的理论基础是社会语言学。社会语言学对语言教学乃至整个语言学界所做的重大贡献之一就是提出了交际能力的概念，使人们对语言和语言能力的认识有了质的飞跃。从历史比较语言学发展到结构主义语言学和生成转换语法理论，虽然对语言内部结构的认识一步步深入，并看到了语言的某些社会功能，但它们都未能将“语言能力”置于使用语言的社会框架中认真加以考察和分析。

1972 年，当不少语言学家还陶醉于生成转换语法理论的创造时，社会语言学家海姆斯就对乔姆斯基语言能力的概念提出了挑战。在著名的《论交际能力》一文中，海姆斯认为，离开了使用语言的准则，语法规则是毫无意义的。海姆斯指出，交际能力是语法、心理、社会文化和实际运用语言等能力系统互相作用的结果。随后，英国语言学家韦尔金斯（D. A. Wilkins）于 1976 年发表了《意念大纲》一书，尖锐地指出了传统语法大纲和情景大纲的局限性，详尽列举了语言交际中的意念（如时间、空间、数量和频率等）和功能（如请求、道歉、同意、许可、赞美、申诉和劝说等）项目。1980 年，加拿大的卡内尔（M. Canale）与斯温（M. Swain）在《应用语言学》刊物上发表了长篇论文“第二语言教学与测试交际法的理论基础”，系统总结了关于交际教学法理论的探讨与研究成果，并提出交际能力应由以下三个方面能力构成。

①掌握语法，包括词汇、词法、句法、词义与语音等方面的知识。

②掌握语言的社会功能，指使用语言的社会文化规则与语篇规则。

③使用策略，即为使交际顺利进行而采取的语言与非语言交际策略，后经不断充实，已具体到怎样开始会话、维持对话、要求重复、澄清事

实、打断对方、结束会话等。

尽管这一框架未以发展的观点阐明各种能力的具体内容，但它比较全面地分析了海姆斯的原意，并且很具实用价值，得到应用语言学界的广泛认同。此后关于交际能力的讨论一般都采用卡内尔和斯温框架，采用交际法的外语教学大多以此作为教学大纲的参考。

为了达到使用语言进行交际的目的，交际法强调以学生为主体。在进行教学活动前，必须先调查学生的需要。在教学中根据学生的需要给予大量的语言信息并在每一个环节都让学生充分理解与积极参与。教材使用自然、地道和真实的原文，通常是从各种书籍与报刊节选的文章或电影、电视或电台报道片段等。由于交际法鼓励学生在实际生活中学习使用语言，他们的错误被视为学习过程中出现的自然现象而无须指责。

对交际法的评价如下。

交际法的具体方法十分多样，其基本精神是开展教师与学生之间有意义的对话或讨论，亦称“语言意义的谈判”。上课经常采取两人结成对子的对话、4~6 人为一组的小组活动和全班讨论的形式。情景的设计要求尽量真实，当前常采用多媒体手段进行教学并经常邀请说本族语的外国人与学生交谈，甚至辩论。虽然使用交际法时不可能详尽讲解语法，但交际法并不排除语法教学。恰恰相反，它的教学效果常取决于正确处理交际活动与语法教学的关系。如完全取消语法教学，则学生语言质量会显著降低。总的说来，交际法比较适合于外语中级水平以上的学生。

6. 沉默法

20 世纪 60 年代，数学教师格特诺（C. Gattegno）根据认知心理学的基本原则提出了这一外语教学法，在 70 年代引起了外语界的注意。

沉默法与其他外语教学法不同：为了体现学生是学习的主体，教师不应大量“灌注”知识，而应尽量“沉默”；在学生学习外语时，应让他们多听与多思考，在动脑的基础上开口，这是另一种意义的“沉默”。其典型做法是使用图表和涂有各种颜色的小木棒通过启发式教授语音、词汇和语法结构。教师说出一个音素或单词后，先让学生听多遍，在学生理解含义后自己开口使用语言。

沉默法的主要弱点是：由于周围环境都是本族语，学生接触的外语比较少，教师的语言、特别是师生对话，是学生获取知识的重要组成部分，教师沉默太多使学生失去了很多学习的机会。因此，这一方法一般只用于教学的某一环节，不能长期使用。

7．提示法

保加利亚心理治疗学家罗萨诺夫（G. Losanov）根据心理治疗的一些原则提出了这一外语教学法。

它的基本观点是，外语学习是有意识学习与无意识学习结合的过程，必须排除各种心理障碍，特别是消除焦虑、紧张和烦躁等情绪。因此。学生进入课堂时，周围的环境应十分和谐，有令人愉快的图画和音乐相伴。教师注意使自己的态度和语言亲切，以便学生上课时进入最佳的思维与心理状态。

对提示法的评价如下：

罗萨诺夫认为，正是在这种轻松愉快的气氛和无意识之中学生能发挥最大的学习潜力。提示法的另一个长处是它重视整体教学，从整体上关注学生的学习，而不拘泥于用某些学习细节限制学生的思维。但是，它要求学生有较强的自觉性，如使用不当，容易产生学生偷懒、语言基础知识掌握不牢固的后果。

8．社区式语言学习教学法

该教学法产生于柯伦（C. A. Curran）提出的咨询教学法。

这一教学法要求教师不仅注意个别学生的智力和情感等因素，而且将整个班级看成一个集体，重视学生之间的关系与学习需求。该教学法认为学习外语时，特别是在自己努力学习而又遇到挫折时，常在精神上受到来自共同学习的同伴们在精神方面的压力，需要通过教师鼓励与协助妥善消除这些消极因素。因此，上课形式不是教师站在讲台上，而是师生围坐在一圈，教师与学生讨论问题十分平等，学生之间关系较融洽，使学生有安全感，自愿加强合作学习。课堂上大部分时间使用外语，但不排除使用本族语，以便让学生完全理解教学内容和练习的意义。

对社区式语言学习教学法的评价如下：

这一方法调动了学生学习的积极性，但对教师的要求很高。如片面理解师生平等关系，削弱教师的指导作用，则可能导致学生学不到应有的新知识，能力培养也会受到影响。

9. 全身反应教学法

这是20世纪70年代形成，80年代初由阿歇尔（James Asher）提出的外语教学法。

由于它与直接法有某些相似之处，也被称为新形式的直接法。然而，全身反应教学法有其自身的理论基础。除了以学生为主体外，它还强调听解能力的重要性，并且不排除使用本族语，这使它从根本上不同于直接法。授新课时，教师先让一学生站在讲台前，根据指令做动作，全班学生反复听教师指令，看该学生做动作。等大多数学生理解了指令的意义后，教师可自己或请成绩好的学生发相同的指令，并要求全班按指令做动作。由于指令可以派生出无数的句子，学生就在行动中边实践边学到很多词汇与语言结构。

对全身反应教学法的评价如下：

全身反应教学法能激发学生的兴趣，使他们积极参与学习。但这一方法仅适合小学生初学外语，不能教授复杂的、难度较大的语言项目。

10. 沉浸法

沉浸法的基本方法是将外语教学与大、中、小学的其他课程结合起来提高学生外语水平。早在一些前英国殖民地如印度等地，学校的课程就都以英语开设，但当时的教育目标是使当地殖民化。新兴的沉浸法完全不同：它首先出现在加拿大魁北克省的双语教学改革中。由于该省的官方语言是法语，很多以英语为本族语的家长希望学校帮助他们的孩子同时提高英语与法语的水平，在不放弃英语文化的传统的同时熟悉法语语言和文化。加拿大政府遂投入资金和人力进行试验，从幼儿园起便开始用法语上课。根据各校情况，沉浸法采用部分或全部课程用法语上课以及早起点（一进校立即实行）和晚起点（进校几年后实行）等多种形式，同时以英语课配合帮助法语有困难的学生跟上各门课程的进度。由于试行后效果良好，很快推广至全省。以后其他国家也开始试行沉浸法。如匈牙利试行用英语，澳大利亚试行用法语，美国试行用俄语、日语、韩语上各门课程。

沉浸法吸取了语言习得与学习的研究成果，主张加大可理解的语言输入量，使掌握外语深入到各门课程中，这是使学生学好外语的根本保证。在具体试行中一般应根据外语教学规律，不断创造条件，由个别课程逐步扩大到更多的课程以外语上课。

对沉浸法的评价如下：

沉浸法需要大批高水平的双语教师。如双语属同一语系，例如英语与法语，培养与学生学习两种语言时出现的矛盾比较容易解决；如双语差异太大，例如英语与韩语，则实行时困难比较多。

11. 整体教学法

与其他教学法的不同在于，它一反自古以来由教师决定从部分到整体进行教学的传统，强调由学生主动参与并遵循内容从整体到部分的教学过程。整体教学法的倡导者认为，长期以来，由于错误地把教学过程理解为只能从部分到整体，致使学生长期见树不见林，甚至学完后仍不知事物的整体。然而，语言习得与学习的科研成果表明，只有当学生认识到语言整体时，他们才能认识语言的本质。因此，在外语教学中，应让学生在教师的启发下看到整体，然后逐步掌握教学内容，并且每一部分的学习都应有意义，而不是无意义的机械操练。

整体法主张先用母语讲清楚概念，然后采取师生与学生之间互相交流的形式练习，口语与书面语并重，以达到理解透彻与掌握的目的。

对整体法的评价如下：

整体教学法可用于宏观外语教学中。如专题教学，每一专题开始时，教师先与学生一起讨论该专题的概况，然后再学习具体内容和词汇、语法和结构等。再比如教授某一语法现象，可先讨论同一大类的特点，再学小项目。

12. 基于内容之教学法

以专题为纲的外语教学法初见于 20 世纪 70 年代后期，由澳大利亚克莱兰德（B cleland）和艾文斯（R. Evans）在墨尔本进行的实验，后在澳大利亚移民及难民学校 2~18 岁学生中推行，取得了一定的效果。自 20 世纪 80 年代起，特别是 1986 年莫汉（B Mohan）所著《语言与内容》一书出版后，美国和其他一些国家的应用语言学者进一步研究了这一教学法，汲取了第二语言习得的科研成果和认知法学习理论，使基于内容之教学法在理论基础方面更加扎实，方法更为成熟，在小学、中学、大学和成人教育的外语教学中引起了广泛的注意。

顾名思义，这一教学法不以语法为纲，不以功能—意念为纲，而以语言内容（例如专题）为纲，克服了过去教学法仅仅注意语言形式而忽略语言内容的弊病。与沉浸法一样，这一教学法的特点之一是打破了外语学科的界限，与其他学科结合起来共同组织教学。实际上，它也是整体教学法的一种形式。

对基于内容之教学法的评价如下：

基于内容之教学法具有较强的生命力，主要因为它是多学科综合的产物。例如，教学内容为“环境保护”的专题，将物理、化学、生物课的有关部分结合起来，用外语教学。外语课仍然有语音、词汇和语法结构等项目，但它们与环境这一内容紧密结合。物理、化学与生物部分均用外语进行教学。应该说，它比沉浸法又进了一步，因为沉浸法只是用外语上某一门课，而基于内容之教学法已重新组合了学科，其改革步伐更大。正是由于它综合了多种学科，因而围绕该专题的外语词汇和语法结构更丰富，重复率更高，更便于学生学习，教学效率也更高。当然，这样做必须有一定的基础。一是应有一个总体改革的方案，精心设计，不断总结经验；二是要有符合要求的教师；三是学生必须有这方面的充分准备，否则，不仅外语教学质量无法保证，其他学科的教学质量也会出现问题，这是各方都无法接受的。目前世界上使用这一方法也只能说是处于试验之中。

第二节　日语专业教学的内容及目标

一、日语教学的主体

教学主体问题实质上是对教学过程中学生与教师关系的认识问题，也就是学生和教师在教学过程中各处于什么样的地位，学生的学和教师的教是何种关系的问题。

针对学生的学和教师的教之间的关系，最先提出的是“学生中心论”和“教师中心论”这两种截然不同的观点。“学生中心说”以卢梭、杜威等为代表。这种观点认为学生的发展是一个自然的过程，教师不能主宰这一过程，主张教育过程中教师应尽量减少干预，放手让学生去经历或体验，学生只有在个体经验中才能获得发展。“教师中心论”以赫尔巴特等为代表。这种观点认为学生的个体发展受到教师的教学形式、教学方法的影响，因此十分重视教师的权威，强调发挥教师在教学过程中的绝对支配作用。这两种观点从理论上分析都有偏颇之处，前者过分强调内因的作用，倾向于人本主义理论，忽视了教师等外部因素对学生个体发展的推动作用；后者则过分强调外因的推动作用，倾向于行为主义理论，认为学生的个体发展完全取决于教师的引导和教育。这两种观点各执一端，未能从辩证的角度对教学活动中教师和学生的地位和关系做出科学合理的解释，对教学实践的指导作用有限。

20 世纪 30 年代开始，苏联教育理论学界对“学生中心论”和“教师中心论”两种理论进行了分析和批判，对教学过程中教师与学生的关系进行了新的探索，提出了“主导主动说”。这种学说肯定教师在教学过程中的主导作用的同时，指出要发挥学生的自觉性、主动性和积极性，较为合理地反映了教学过程中教师和学生的辩证关系。中华人民共和国成立之初，我国教育理论界几乎全面接受了这种观点。

伴随着我国政治、经济、社会的不断进步，我国一些教育理论工作者对以往的教学制度进行了抨击，反对过去那种以教为中心，教师讲、学生听的做法，希望推动实现教学重心由“教”转向“学”。20 世纪 80 年代，我国学者明确地把“学为主体”与“教为主导”的提法结合起来，认为教学中必须坚持教师的主导作用，同时确立学生的主体地位，而且教师的主导作用必须要与学生的主体地位相一致，形成了被我国教育界广泛认可的“主导主体说”。

“主导主体说”认识到教学活动有别于一般认识活动的特殊性。教学活动主要是一种认识活动，但是这种认识活动的主体明显区别于一般认识主体。此外，教学认识的客体也是特殊的，学生不是以客观事物作为认识的直接对象，而是主要以课程教材为中介去认识客观世界。在这一过程中，教师起着主导作用，引导学生认识客体。

“主导主体说”认识到教师和学生所从事活动的不同性质。认为教师所从事的活动主要是一种实践活动，即教学生进行认识的实践活动；学生听从事的活动主要是一种认识活动，即在教师引导下认识世界的活动。“主导主体说”还认识到教师的教授活动和学生的学习活动在层次上的差异。学生学习活动的基本内容是学习和掌握人类千百年来积累起来的经验，并将这些知识经验转化为个人的知识结构，同时发展自身，属于第一层次的活动。教师的教授活动要求教师控制和引导学生的学习活动，使学生迅速、高效地进行学习，使学生从无知到有知，从缺乏能力到具备一定的能力。

总体来看，“主导主体说”较为准确地反映了教学过程中教与学的辩证关系。20世纪80年代中期以后，虽然出现了“师生双主体说”“教师单主体说”“学生单主体说”“阶段主体说”“否定主体说”“复合主体说”等各种观点，但是“主导主体说”依然受到了我国教育理论界和教学一线的教师广泛认可。

在当今我国的日语教育界，“以学生为主体，以教师为主导”这一观念同样具有广泛的影响。它改变以往以“教师讲、学生听”为主要课堂形式的状况，充分发挥学生的主体作用，提高学生学习日语的积极性、主动性，发挥他们的主观能动性；同时充分发挥日语教师的主导作用，使教师能更好地引导学生开展日语学习，从而提升学生的学习效果。

“以学生为主体，以教师为主导”这一观念在不同的著作、文件中却存在着多种近似的表达方式，具体到中学日语课程标准来说，其中提出的说法是“教师指导”而非“教师主导”。例如，《义务教育日语课程标准（2011年版）》的“第一部分前言”的“二、课程基本理念”中提出“日语课程是学生在教师指导下自主构建知识、发展技能、活跃思维、展现个性和拓展视野的过程”。《义务教育日语课程标准（2011年版）》和《普通高中日语课程标准（实验）》的“实施建议”中都提出，在实施日语课程的过程中，“教师应树立符合学生发展需求的教学观念，改变以教师为中心、以传授书本知识为目的的单一教学模式，从知识的传授者转变为学习的促进者、指导者、组织者、帮助者、参与者和合作者，使教学过程成为一个教师与学生交流的互动过程”。对这一观点的表述方式虽然不同，但总体来看，内涵基本一致。

二、日语教学的过程

（一）日语教学过程的概念

关于教学过程问题，古今中外的教育家们对它进行过各种探讨和解释。主要回答或解决的问题有两个。一是教学过程的性质问题，包括教学过程与其他自然或社会过程的联系和区别；二是教学过程的结构、环节、阶段、程序等模式问题。中国的孔子、孟子、朱熹、荀子等都有关于教学过程各因素的论述，西方的柏拉图、夸梅纽斯、裴斯洛夫齐、赫尔巴特、杜威、桑代克、皮亚杰、布鲁纳等都从不同的视角对教学过程加以研究和说明。这里，我们不去评论各家之言，只实事求是地说，在现在的中国，我们更加遵循的是马克思主义的认识论，即把教学过程解释为一种特殊的认识过程。这是因为这种理解是教学论发展史上重要的成就和重大的飞跃。历史上对教学过程各种探索的教训之一是只涉及其中的个别方面、成分、属性并误把它当作整体，如完全用心理学观点解释教学过程就是一例。而把教学过程看作一种认识过程的理论，这克服了历史上各种解释的局限，也总结、概括了历史上各种探索的积极成果。为此，这里把日语教学过程看作特殊认识过程中的日语学科的认识过程。这样说，并不是要用哲学认识代替日语教学认识，而是为了用辩证唯物主义认识论来指导对日语教学过程的认识。

（二）日语教学过程及其特殊性

日语教学认识过程有什么特殊性呢？我们可以借助哲学认识论和许多相关学科及教学论的已有研究成果具体分析。

首先，在日语教学认识过程中，学生是最基本的个体存在，学生在日语教学过程中产生的认识也是个体认识。虽然教师同样是个体存在，但在教学过程中要完成的是学生的认识过程，而教师从事的主要是教学实践工作，区别于学生的从不知到知之，从知之不多到知之较多的认识过程，故不在这里涉及教师的个体存在。

其次，学生的认识是在日语教学过程中产生的，不仅具有日语学科的特殊性，还具有语言教育的特殊性。从日语学科来看，日语对中国学生来说是外语之一，而其语言及文化具有不同于其他外语的一面。本书的主要任务不是研究日语学科的特殊性，这里不予展开。从语言教育来看，学生认识日语与一般认识规律一样，都是由实践到认识，再由认识到实践的过程。不过，这里的认识过程不是指单纯的日语感知、记忆和思维的过程，这里的实践也不是教师、学生个体的独立活动，而包括日语教与学的相互交往和影响。

基于上述认识，我们可以分别从认识和实践的角度分析出日语教学过程的几个特殊性。

1. 从认识的角度看日语教学过程的特殊性

（1）学生认识对象的特殊性

人类认识世界的过程是探索尚未发现的客观真理的过程。但在日语教学过程中，学生认识的对象主要体现在日语教科书或被规定的日语教学内容中，学生并不是直接去发现未知的日语。学生接受的是经过前人积累、整理或选择的日语教学内容，他们的学习以间接经验为主。可以在最短的时间内学到前人花费漫长岁月才能获得的日语知识和技能，这表明，学生是在间接地认识日语。

然而，现今的教学论更强调教学中直接经验的重要性，不仅掌握间接知识时需要直接经验，在发展智力、培养创造力时也非常需要直接经验。不过，在日语教学认识过程中，学生的直接经验，包括亲身观察、实践、体验等仍有其特殊性。一是这种直接经验从属于间接经验，是为更好地掌握间接经验服务的；二是这种直接经验是少量的，以达到一定的教学目标为限，不是越多越好；三是这种直接经验是经过改造的，它不是生活中的原样，而是在经过精心设计和挑选的典型化、简约化语言情境中的体验。而且除了有日籍教师的学校，国内很难出现真正的日语环境，学生的认知体验多是在假设的模拟情景下进行的。

（2）学生认识条件的特殊性

学习日语学生的认识主要是在学校、课堂环境下，在有专业背景的日语教师指导下进行的。在日语教学过程中，教师的主导作用是必然和必要的，教师决定着教学的方向、内容、方法、进程、结果和质量。同时，日语教师把能利用的有利条件、合适的教学内容、科学的教学方法组成适合学生发展阶段和水平的教学模式，引导学生通过自己的实践逐渐完成日语学习任务这样，就尽量避免或减少了学生认识日语的失误，使学生少走弯路。

在日语教学过程中，教师的指导与学生主体是辩证的统一，即学生主体是在教师主导下的主体，教师主导是对学生主体学习的主导。既不能片面强调教师权威，也不能放任学生主体盲目行事。教师讲授无疑是必要的，教师不讲，学生不懂，就不能发挥主动性和主体作用，也无法激发和锻炼学生的思维能力、注意力、想象力和情感，但只有教师传授这一种形式也不利于发挥学生的主动性。必须把教师的主导作用与学生的主体地位统一起来，运用多种形式想方设法调动学生的积极性，激励他们开动脑筋去运用所学，形成外因通过内因而起作用的良性循环。

（3）学生认识任务的特殊性

日语教学过程中，学生通过认识活动不仅能掌握日语知识和技能，还能发展智力和思维能力，形成科学的世界观和社会主义道德品质。因此，日语教学过程又是一个培养人的过程。这与成人认识一般事物的过程、科学家探索真理的过程是不一样的。日语教学过程中的各项活动会引起学生在生理和心理上十分复杂的变化。学生在这种变化中获得新知，形成新的技能或智力，同时接受某种观点、思想。这是教学具有教育性的客观规律，即认识作为一种反映，概括了认知、情感、意志、性格以及各种个性心理特征。思想教育或智力发展不是日语教学认识过程以外的东西，而是内在的，伴随日语教学认识过程始终的。

2. 从实践的角度看日语教学过程的特殊性

（1）实践目的的特殊性

日语教学过程中，言语实践不可缺少。要实际掌握日语，关键在应用，即将所学知识和技能在言语实践中反复运用，这样才能达到提高日语交际能力的目的。

（2）实践环境的特殊性

日语教学过程中的教师和学生的教学实践多限于学校、课堂这样特定的环境，不是在真正的日语环境中，而是教师根据教学任务事前设定的模拟环境。教师在这个模拟环境中对学生加以引导，以利达到预期的教学目的。

（3）实践方式方法的特殊性

日语教学过程中，教师可以通过示范演示、角色扮演、小组讨论、调查报告等多种形式丰富学生的感性体验，还可以借助直观教具，如挂图、卡片、实物、录像、PPT等，让学生感知新事物。根据教学目的，教师对日语学习任务精心设计、周密安排，使言语实践活动丰富多彩。教师在实践活动中展示自己的人格魅力，从而影响和促进学生成长。

总之，日语教学过程是一种特殊的认识过程，日语教学的目的、内容、任务和活动等都是认识世界或对世界的反映，其特点就是日语教学过程的认识是学生的个体认识；这种认识具有多重特殊性，是在日语教师的指导下，经过学生自身努力获得的。学生在获取日语知识、技能等的同时，其思想情感和个性等也随之发展并丰富。

三、日语教学内容

日语教学内容是学生在校期间需要学习和逐步形成的日语学科素养，它包括什么，又如何分类，这个问题长期以来很少有人认真地思考和研究过，日语教学内容的分类基本上是继承前人的做法，凭经验判断形成的。然而，随着社会和日语教学事业的发展，日语教学内容越来越丰富，甚至超越了日语学科本身。因此，有必要对其做一个梳理。

（一）日语知识

我国早期的日语教育可以追溯到清末。从当时出版的日语教科书可以看出，那个时候的日语教育以传授日语知识为主。而所谓传授日语知识最初就是学习日语词汇，如第一本被认为是中国人编写的日语教科书《东语简要》基本上就是一本词汇集。后来，语音、语法和日语文字也被写入教科书，如《东语入门》，其中出现了“伊吕渡歌”和五十音图，还有词汇和短句。随后读本类、会话类、语法类等教科书相继问世。由于清末学习日语主要是为了阅读日文，并通过日文转译西方书籍，所以很多学习者追求日语速成。他们从“书同文”的认识出发，认为只要掌握语法规则，颠倒、钩转词语位置就能将日文资料翻译成汉语。为此，清末时期的日语教科书中，语法类的比重最大，语法也成为日语知识的重中之重，长期在我国日语教学中占据主导地位。其实，日语文字也是日语知识的一部分，然而日语汉字因为是中国人学日语时的长项，所以往往被忽视，或被归为词汇处理。直到现在，说到日语知识，公认的最基本的要素还是语音、词汇和语法。

（二）日语技能

日语技能是我国日语教育长期以来的“双基”之一，这与我国提出基本知识和基本技能的“双基”教学理念有紧密联系。“双基”教学起源于20世纪50年代，60年代至80年代得到大力发展，80年代之后不断丰富完善。从日语教学大纲中，可以清楚地看到日语双基教学的历程。因为我国教学历来是以纲为本，双基内容被大纲所确定，双基教学也来源于教学大纲的导向。在双基教学理论的指导下，学习一门外语不能只掌握语言知识，还必须掌握一定的语言技能。日语教学大纲中对日语知识和技能要求的演进历程呈现出日语双基教学理论的形成轨迹，日语双基教学随着日语教学大纲提出的要求得到不断加强。

日语技能一般指听、说、读、写这四种基本技能。然而我国早期的日语教学重阅读而轻口语，这不仅是因为当时学习日语的主要目的是为了翻译资料，还有客观条件上缺少语言环境、缺少专业的日语教师等诸多原因。不难看出，清末只有日本人编纂的日语教科书比较重视口语交际，如长谷川雄太郎编写的《日语入门》。民国时期，在基础教育阶段，一些学校使用的日语教科书之所以重视听、说，是因当时日本占领的地区的日语教育着力推行直接教学法，即不允许使用母语，要求用动作、图画等直观手段学习词语。中华人民共和国成立之初的日语教学，根据实际需要，外语教学界曾有“听、说领先，读、写跟上”的提法，也有“四会并举”、相互促进的主张。虽然，高校日语专业或职业教育中有翻译技能教学，进而有听、说、读、写、译的提法，但最基本的技能仍指听、说、读、写这四项。

作为双基教学内容，日语知识和日语技能既相互独立又相辅相成。因为语言交际有口头和书面两种形式。人们开展语言交流时，必须通过有声语言（听和说）或者文字记录的语言（读和写）进行。没有一定的语言知识或语言技能作为基础，就不可能实现这两种形式的交流。特别在基础教学阶段，日语语言知识的学习必须在听、说、读、写活动中开展并得以巩固，而听、说、读、写同时是提高语音、词汇、语法等基础知识教学质量的可靠保证。这可能就是日语知识和日语技能长期以来成为日语“双基”教学内容的根本原因吧。尽管如此，从我国21世纪以前的日语教学大纲来看，掌握语言技能多被列为教学目标要求，而被列入教学内容的主要是日语知识。

（三）功能意念

长期以来，我国日语教学内容规定的主要项目是语音、词汇和语法，也包括一些惯用型或句型。这种现象在20世纪80年代末期发生了重大变化。

20世纪80年代初，我国的英语教学蓬勃开展，Follow Me，New concept English等英语教材风靡全国，New Concept English的编者路易·亚历山大被邀请到中国讲学。路易·亚历山大是欧洲文化合作委员会主持和制定外语教学大纲的参与者，也是“功能—意念法”的积极推广者。他在中国的讲演报告录音被整理、翻译成汉语，归纳为《语言教学法十讲》，由科学技术文献出版社于1983年出版，对中国的外语教学产生了很大影响。

功能意念法是以社会语言学、功能语言学和心理语言学为理论基础，是注重培养交际能力的外语教学法，是世界范围内影响较大的外语教学法流派。功能意念法产生于20世纪70年代初的欧洲，从分析学习者的实际需要出发，以发展学习者运用语言进行交际的真实本领为目的。功能意念法主张以功能意念为纲，交际为目的和手段，组织全部外语教学。这种教学思想也影响了我国的日语教学。

1989年出版的《大学日语教学大纲》首次列入了功能意念表和语言技能表，强调“日语教学的最终目的是培养学生运用日语进行笔头、口头交际的能力”，并提出大学日语基础阶段必须以日语的语言共核作为教学重点，努力帮助学生打好语言基础。1990年出版的《高等院校日语专业基础阶段教学大纲》也列入了功能意念表，强调“外语教学的最终目的是培养学生具有语言交际能力。❶ 还有论文称，“功能意念表”所包括的具体项目怎样、数量的多少都姑且不论，仅仅是将“功能意念”列为“大纲”教学

---

❶ 大学日语教学大纲修订组．大学日语教学大纲［M］．北京：高等教育出版社，1989.

内容这一点，它的意义就非常大了，确实可以说这是中国日语教育的一项改革。

1992年出版的《九年义务教育全日制初级中学日语教学大纲（试用）》也强调“外国语是进行国际交往的重要工具”“教学的目的是让学生初步掌握这个工具”，同时借鉴功能意念的有关内容，增加了“基本表达方式表”。这个表是参照《大学日语教学大纲》提出的，其中的一些句子比较抽象，不太适合初中学生。1995年发行的该大纲的第2版中，“基本表达方式表”改为“日常交际用语简表”，内容删减了许多。

1989年以后，我国的日语教学在致力于培养交际能力方面不断进取，各级各类日语教学大纲或课程标准都不同程度地呈现出相关内容。只是基础教育阶段日语教学大纲中未采用功能意念这样的术语，改称“表达方式”，后来进一步删除了表示意念的词语，保留会话体的句子，改称为“日常交际用语”，在21世纪的课程标准中又改称“交际项目”。这是因为英美等国的一些语言学家在对这一概念进行批评和探讨的基础上，提出了一个含义更为深广的概念——交际能力，即语言使用者的语言能力不仅包括他对语言知识本身的认识能力，同时还应该包括他在一个具有多种多样语言环境的社会中，恰当地运用语言知识的能力：交际教学法就是基于这种认识而产生的，交际教学法以语言行为而不是语言形式为出发点，教学内容是依据学习者的学习目的来选取和安排的，而不是像传统方法那样以语法为纲。可是，经过一段时间的实践，人们发现情景教学也不是尽善尽美的，比如情景远远包括不了所有交际所需的语言行为，也无法作为学习者学会表达具体情感、理性态度和一些常见的概念所需的语言形式的载体。

功能意念表或交际项目在教学大纲中的从无到有，反映出中国日语教育从重视语法规则到重视交际能力培养的重要变化。然而，由于功能意念项目的分级不够科学，功能性太强而系统性不足，对如何解决结构与功能的有效结合等问题存在局限性，而且功能意念项目与语法项目往往出现重叠现象，所以在日语教学实践中存在不少亟待解决的问题。《普通高中日语课程标准（2017年版）》规定的教学内容中取消了存在多年的交际用语相关附录，强调以主题为引领，不主张死记硬背词汇、语法和表达方式，而更加注重理解和表达的内容。据了解，取消交际项目的主要原因有三个：一是缺少选择依据，交际项目中罗列的是一些句子，一旦脱离语境则变数比较大；二是交际项目没有止境，数量和难度难以把握；三是原“交际用语”部分条目与语法条目重合。

（四）文化素养

语言与文化不可分割。然而初期的语言教学基本上局限在语言本身，忽视了语言文化教学。随着交际教学思想的传播，人们慢慢地认识到，接触和学习一门外语需要站在外国人的思维、历史角度等去体会他们的文化。不过，文化是个很宽泛的概念，对于日语教学来说，如何界定相关教学内容，是必须思考的问题。

1996年出版的《全日制普通高级中学日语教学大纲（供试验用）》首次提出正确处理语言教学与文化关系的问题，即“通过教学扩大学生的语言文化视野，以利于发展思维和提高文化素质”，这是从语言是文化的载体，熟悉相关文化知识有利于提高运用语言能力的视角提出的。2000年出版的《全日制普通高级中学日语教学大纲（试验修订版）》进一步强调“处理好语言知识和语言运用的关系，培养学生用日语进行交际的能力”，同时，提倡在日语教学中使学生适当了解日本社会、文化和日本人的生活习俗，帮助学生学好日语，开阔眼界，增强世界意识，加深对本民族文化的理解；让学生在潜移默化中接受文化熏陶，养成健康的审美情趣，培养学生对自然美、社会美、科学美和艺术美的感受力、鉴赏力、表现力和创造力。这样的描述比供试验用版更具象并有了提升，但日本语言文化包括哪些内容并不具体。

2001年和2003年先后出版的《全日制义务教育日语课程标准（实验稿）》和《普通高中日语课程标准（实验）》提出培养学生初步、基本的综合语言运用能力的总目标，这种能力的形成建立在学生的语言知识、语言技能、文化素养以及情感态度和学习策略等方面综合发展的基础之上。其中，将文化素养分为文化背景知识、言语行为特征和非言语行为特征，并列出了具体学习项目。

2005年出版的《大学日语第二外语课程教学要求》也把社会文化项目列入教学内容，分为价值观、言语行为、非言语行为和社会文化背景四项并列出具体内容。2008年出版的《大学日语课程教学要求》的教学内容中也列入了社会文化项目，分为世界观与价值观、言语行为特点、非言语行为特点和社会文化四项并列出具体学习内容。

2012 年出版的《义务教育日语课程标准（2011 年版）》在文化素养方面略有修改，但没有大的变化。2018 年出版的《普通高中日语课程标准（2017 年版）》在课程目标上将“文化素养”改为“文化意识”，在课程内容上列为“文化理解”。其中指出：“文化理解是指对不同国家、地域和民族文化的理解与尊重，是对中华文化的深入理解与认同。文化理解涵盖物质和精神两个方面，物质文化主要包括饮食、服饰、建筑、交通等；精神文化主要包括哲学、科学、文学、艺术、价值观等。文化理解还包括用对方易于理解的方式讲述身边的人和事、介绍熟悉的中华文化现象等。”

以上教学内容的增加对培养学生交际能力和提高学生异国文化理解能力具有重要意义，也呈现出日语教学内容随时代发展变化的轨迹。

（五）情感态度和学习策略

进入 21 世纪，初高中日语课程标准都确立了培养“综合语言运用能力”这个总目标，除了语言知识、语言技能、文化素养，还关注学生的情感态度和学习策略，而且将情感态度和学习策略定位为形成综合语言运用能力的两个不可或缺的方面。因为“情感态度是影响学生学习和发展的重要因素；学习策略是提高学习效率、发展自主学习能力的重要保证”。这是以往日语教学大纲不曾提及的，是新增加的教学内容。

情感、态度都不是凭空产生的，必须以学生的言语实践过程做基础，任何省略过程的学习都不会让学生真正产生情感、态度乃至形成正确的价值观。只有积极的情感体验和全身心参与才有助于学生保持学习日语的内在动机和兴趣，以较强的自信心和坚定的意志，学会与他人合作并相互促进，增强祖国意识，开阔国际视野。

学习策略也与情感态度一样，是进入 21 世纪以后同时被写入初高中日语课程标准的。为的是让学生改变学习方式，学会自主学习，提高学习效率，具备终身学习的能力。

情感态度和学习策略成为日语教学内容的一部分，不能不说是一种跨学科的拓展，而且还设置了下位分项和具体的内容标准，使课堂教学有依可循。

（六）话题，主题

21 世纪初出版的初高中日语课程标准都提倡通过围绕话题完成交际性任务等方式开展多种教学活动，为此，首次将“话题”列入附录。这一变化是为了更好地培养学生的交际能力，通过选择符合学生年龄和心理特征的话题，帮助学生开展接近实际的学习活动，使交际性任务目标更加明确，内容更加具体、实用，交际教学思想也更容易落到实处。《普通高中日语课程标准（2017 年版）》将“话题”提升为“主题”，提出“主题是围绕人们的生活、学习和工作的某一范围展开的内容，是情境创设的线索和开展日语实践活动的内容基础”，在教学指导性文件中列入“话题”、规定“主题”，都是以往教学大纲不曾有过的：这体现出交际教学思想的进一步深入，要求日语教师通过创设与主题内容密切相关的情境，充分挖掘特定主题所承载的信息，设计与主题相关的问题和任务，激发学生参与学习活动的主动性，帮助学生提高日语的理解和表达能力，拓宽视野，形成多文化视角，增强思维能力。

（七）语篇

1989 年版的《大学日语教学大纲》率先提出“不仅要重视句子水平上的语言训练，还要逐步发展语篇水平上的交际能力”。接着，1990 年版的《高等院校日语专业基础阶段教学大纲》也提出要注意语言知识与语言情景、交际形式、交际意向之间的关系，努力做到表达得体；要克服只重视语言形式和结构，忽视语言功能的偏向，不仅要重视句子水平上的语言训练，还要逐步培养在语篇水平上进行交际的能力。“要打破语言研究的最大单位是句子这种旧的观念，建立起语篇或话语的观念，并逐步做到在语篇水平上组织教学”。只是，如该大纲“研订说明”所述：“由于目前主客观条件限制，大纲只能提出这个问题，暂时还不能做出具体的规定。”

2018 年出版的《普通高中日语课程标准（2017 年版）》终于迈出实质性的一步，将语篇正式列入课程内容，并列出语篇类型和不同级别的具体内容标准。这在一定程度上对《大学日语教学大纲》和《高等院校日语专业基础阶段教学大纲》曾经涉及而没能具体化的教学内容进行了完善。所谓语篇，《普通高中日语课程标准（2017 年版）》指出：“语篇是包含口语、书面语等不同语体、不同文本体裁、图表和音视频资料等多模态的语言素材。”学习和接触不同类型的日语语篇，主要是为了引导学生把握不同语篇类型的特定结构、文体特征和语言表达特点，为有效获取、理解和使用不同类型的语篇信息，有效表达自己的观点和与他人交流奠定基础。

四、日语教学的目标

目前我国的日语教育是以社会力量办学和大中专院校的日语教育为中心开展，基础教育中的日语教学不占据日语教育的主导地位。而在大中专院校的日语教育（包括日语专业）中，由于“零起点”学习者为多，专业的日语教育也是以基础阶段教学和高级阶段教学两个层次开展。

高等院校日语专业课的教学要求，由于受学校性质、学科培养目标等的限制，对专业课、必修课、选修课的划分各有特点。开设课程的门类不同，课程名称及开设的时间、周学时数也不同，各学年教学要求的制定也有所差异。总之，参考我国各级各类的日语教学纲要以及国际日语能力考试对于不同级别考试的要求，我们将日语语言和技能教学目标、要求按照基础阶段与高级阶段简单地归纳如下。

（一）基础阶段教学的内容目标

大学一、二年级的日语教学内容标准主要针对大学日语专业（零起点）一、二年级的教学，以及社会力量办学中的最初一、二年内的日语教学。

日语专业基础阶段的教学基本要求如下。

（1）学年教学要保证不低于500学时，两年内学生应该掌握现代日语语音、语法、词汇的基本知识，具备听、说、读、写日语的基本技能；能够在所学语言材料范围内正确、熟练地运用日语进行口头、笔头交际，为进一步学习日语打下坚实的基础。

（2）掌握日语语音的基础知识，朗读或说日语时，发音、语调基本正确，合乎规范，没有明显的语音错误。

（3）掌握日语基础语法，概念清楚，对日语语法中的主要项目、难点理解确切，在语言实践中能够正确运用，无大错误，不影响交际功能。

（4）接触日语单词8000个左右，基本句型250个以上，惯用词组200个以上，其中积极掌握不少于一半。

（5）在听的方面，能听懂日本人一般性的讲话，听懂难易程度与所学课文接近的各种文章的录音。其中生词不超过3%，没有生疏的语法现象。

（6）在说的方面，能较流利地进行日常生活会话，能与日本人进行一般交际性和事务性交谈，能在已学过的题材范围内进行3分钟以上的连贯性发言，无明显的用词与语法错误。

（7）在读的方面，能朗读生词不超过3%，没有新的语法现象的各种题材的文章，要求读音正确，有表情。能不借助词典快速阅读难易程度与所学课文接近的文章，内容理解确切，并能口头用日语叙述大意。能借助词典阅读非专业性的一般日文报刊。

（8）在写的方面，能记述和改写听懂和读懂的文章，能在两小时内写出600字以上的应用文、记叙文，文理通顺，语法、用词基本正确。

（二）高年级阶段教学的内容目标

日语专业三、四年级的教学内容是一、二年级日语教学的延伸，与基础阶段的教学相衔接。在进一步练好听、说、读、写、译几方面基本功的同时，还要扩大视野，拓宽知识面，学习日本文化、文学等方面的内容。参考《高等院校日语专业高年级阶段教学大纲》，对这一阶段日语教学提出以下要求：

1. 知识结构目标

按照高等院校日语专业高年级阶段教学大纲的要求，高级阶段的日语教学从语言知识教学转入语言理论、与语言相关的专业知识与理论的教学，需要结合专业选择教学重点和内容。因此课程的具体设置由各学校根据培养目标适当掌握，大纲只是对课程的目标本身做了详细的规定。

2. 语言技能教学目标

高等院校日语专业高年级阶段教学大纲对于语言技能的培养目标也做了明确规定，从听、说、读、写、译几个侧面提出具体要求。

听的教学目标为：学生能听懂日本人用普通话以正常语速所做的演讲、谈话，反应快，理解正确，并能复述中心内容；对电视节目、现场采访的广播及带地方口音的日本人讲话，听后能抓住主要内容和重要情节。

说的教学目标为：学生能用日语较正确地表达自己的思想、感情，能与日本人自由交谈；经过较短时间的准备，能用日语即席发言或发表学术见解，就熟悉的内容进行讨论或辩论，阐述观点；日语语音语调正确、自然，表达通顺流畅，无影响内容理解的明显语法错误；能根据不同场合、不同对象正确选用不同的语言表达方式，尤其是在词义的褒贬、敬语的使用及语气、色彩的把握方面基本无误。

读的教学目标为：学生能读懂专业性很强的科技资料以外的现代日本文章，除了最新外来语、流行语及个别生僻词汇外，基本没有生单词；能读懂一般性日语文章，能理解作品的主要内涵和意境；能较好地归纳、概括其主要内容；能独立分析文章的思想观点、文章结构、语言技巧及文体修饰；对于古文、和歌、俳句等古典作品或文章，借助工具书、参考注释能读懂大意。

写的教学目标为：学生能用日语写出格式标准、语言基本正确、内容明了的书信或调查报告等各种文体的文章；能写内容充实，具有一定广度和深度的说明文、议论文以及论文；在构思成熟的前提下，写作速度可达每小时600~700字，语言基本上正确得体，无明显语法错误，用词恰当，简敬体使用正确。

译的教学目标为：口译时，学生能在无预先准备的情况下，承担生活翻译；经过准备后，能胜任政治经济、文化等方面的翻译；忠实原意，语言表达流畅，并能区别各种不同的语感和说话人的心态。笔译时，能翻译用现代日语撰写的各种文章、书籍；借助工具书和注释能翻译一般日文古文。汉译日时，能翻译《人民日报》社论程度的文章。每小时能译400~500字（相当于1000日文印刷符号）。日译汉时，每小时能译500~600字。翻译文艺作品时，作品的预期意境及文体风格与原文基本相符，重要内容正确。

3．实践教学目标

日语专业高级阶段教学目标还包括毕业论文和毕业实习。

毕业论文的撰写主要是培养学生书面语言的运用能力，掌握论文的写作方法，提高思考、分析和解决问题的能力：毕业考试合格者可以撰写论文。论文的选题要在所学课程范围内；论文要有独立见解；引用观点等要注明出处；字数 6000~8000 字左右。

毕业实习是为了使学生将所学的理论、知识切实地应用到实践中，弥补课堂教学的不足，强化课程所学的知识，提高学生在实践中独立思考和解决问题的能力，为毕业后走入社会做好准备。高等教育人才培养质量与规格的改革不断深入，社会对外语人才的需求从研究型转向实践型，为适应社会对外语人才的需求，各高校也在实习实践课程计划、课程类型、课时量、模式、评价体制等方面做了积极的探索，增添了如见习、顶岗实习、海外实践、社会实践等新的模式。有的高校日语专业提出了赴日本半年海外实习的计划；还有的高校把日语专业实习实践时间从过去的 6 周提高到 4 个月，把这些实习、见习的课程设置在大三和大四的各个学期，分阶段、分目标为学生创造接触社会的机会，搭建语言实践平台。对学生的实习、见习的成绩评定主要从工作态度、业务水平、工作成绩、实习或社会实践报告几方面考核，由实习岗位指导教师和学校的带队教师评价。

（三）日语教学的能力培养目标

语言作为系统是一个整体，作为语言结构的三要素，语音、词汇、语法是日语知识教学的核心部分。语言理论知识的教学就是对语义的辨析、语义概念的解读、语言规则的介绍和使用方法的训练。

1. 语音能力培养目标

日语语音能力培养主要指培养学生有助于顺利掌握日语语音的所有能力。这个能力要素包括遗传生理的和后天培养的几个方面。只针对一般正常学习者而言，它主要包括：能够区分日语语音（音位）的辨音能力；能够准确再现日语语音的发音能力；听觉和动觉的控音能力；发音动作的协调能力；具备自动化言语动作熟练的能力；感知和再现日语语调的能力等。

2. 词汇能力培养目标

日语词汇能力培养目标主要包括：有助于学生生成对词汇的感性认识的形象记忆力（听觉、视觉和动觉的）；迅速而准确地区分近似词的能力；迅速形成新的概念的能力；区别词义的能力；迅速理解词的具体（上下文的）意义的能力；识记各种日语词组、短语、成语的能力；在感知日语时迅速认知和理解词的能力；迅速找出必要的日语词来表达自己的思想的能力等。

3. 语法规则能力培养目标

日语语法规则教学的能力培养目标主要包括：学生的分辨各种词类和句子成分的能力；察觉日语词汇结构及语法特点的能力；根据语法规则变化单词并将词汇连成句子的能力；迅速而准确地辨认和再现各种句法结构的能力；正确掌握词的一致性关系的能力；具备正写和正读的熟练等。在修辞方面，要具备概括语体词汇和语法特点的能力；辨认和再现各种语体的能力。

（四）日语技能的能力目标

语言是用于交际的工具，人们通常是采用听解、会话、阅读、写作的方式进行交际，因此，外语教学论将“听、说、读、写”称为外语学习的四项基本技能，简称“四技”。技能是指身体各部分的灵巧动作或感官的敏锐程度。外语的“四技”训练、实际就是对我们应用外语时的口、眼、耳、手等感觉、听觉、视觉、触觉器官进行的外语适应或外语熟练的训练。在训练这些语言技能的同时，也会逐步提高各种言语能力。

1. 听解能力培养目标

听是获得日语知识和技能的源泉和手段之一。听解是听觉器官的运动过程，也是一种复杂、紧张、富有创造性的智力活动，它要求听者在这种活动的过程中积极地进行感知、记忆、分析、归纳、综合等思维活动。因此，听力训练又是一种重要的智力训练。

根据听的心理特点，我们把听的能力概括为：快速、迅速捕捉和存储信息的能力；辨别各种语音的能力；适应日语语速的能力；长时间的听解能力；综合和概括的能力；判断力。帮助学生了解听的心理特点，掌握听解能力提高方法，是听力教学关于听解能力培养的目标。

2. 会话能力培养目标

会话又被称为“说”。会话是一种积极的言语活动，是不经分析和翻译，迅速用外语表达思想的一种技能。它不是简单地重复已经学习过的语言材料，而是创造性地组织已经学过的语言材料表达自己思想的一种行为方式。

会话能力是一种复用式言语能力，根据会话的心理特点，我们把会话能力概括为：自如地、创造性地运用已经学习过的语言材料表达思想的能力；注意力集中在会话的内容而不是语言表达形式的能力；敏捷思考和快速运用语言的能力；会话过程中的日语思维能力（或排除翻译的能力）；应对无主题对白的语言交际能力等。帮助学生了解说的心理特点，掌握会话能力提高方法，是会话教学关于会话能力培养的目标。

3. 阅读能力培养目标

阅读是重要的获得语言知识的手段，人们通过阅读实现间接言语交际。特别是在当今由于信息技术和现代化网络的发展，网络在线阅读已经普及，获取日语阅读材料的条件比过去成熟，通过阅读获取日语知识已经成为一种重要的学习形式。其中，阅读能力的培养也是外语学习的一项重要任务。

阅读能力是指感知、识别和理解语言材料的能力。具体包括：辨认词、词组、句子结构的能力；把握段落中心思想和作者思想发展趋势的能力；弄清句、段之间的关系和诸如指示代词的实际内容等方面的能力；对文章整体的综合理解的能力等。帮助学生了解读的心理特点，掌握阅读能力提高的方法，是阅读教学关于阅读能力培养的目标。

4. 写作能力培养目标

写作是借助文字符号传递信息的语言活动或语言交际形式，是一种语言输出过程，也是重要的语言交际活动。随着网络的普及，网上交流的频繁，日语应用写作从书信、公文、科学论文、文艺作品等领域扩展到网络信息交际等领域，对写作能力的要求也逐步提高。因此写作能力的培养也是日语学习的一项重要任务。

写作能力包括：书面造句能力；搜集素材能力；书面语言的运用能力；捕捉灵感能力；构思能力；组织和形成思想的能力，等等。帮助学生了解写的心理特点，掌握写作能力提高方法，是写作教学关于写作能力的培养目标。

5. 翻译能力培养目标

翻译是在准确、通顺的基础上，把一种语言信息转变成另一种语言信息的行为。其分类有许多种，如：根据翻译者翻译时所采取的文化姿态，分为归化翻译（意译）和异化翻译（直译）；根据翻译作品在译文语言文化中所预期的作用，分为工具性翻译和文献性的翻译。根据翻译所涉及的语言的形式与意义，分为语义翻译和交际翻译；根据译者对原文和译文进行比较与观察的角度，分为文学翻译和语言学翻译；根据翻译媒介分为口译、笔译、视译、同声传译、机器翻译和人机协作翻译、电话翻译等。由于上述分类在语言表达形式上只包括有声语言和符号语言，因此，我们在讨论翻译能力时，只在口译、笔译两个大的概念下展开讨论。

口译和笔译在语言表达的即时性、文学艺术性等方面对译者的要求有所不同。但是，从翻译的心理过程和能力要求上，两者是一致的，仅在各要素内部有所差异，如对译者心理口译的要求是“稳定、快速反应、一次性”等，笔译则强调“精确、仔细推敲、反复”。鉴于此，我们将翻译的能力概括为：双语交际能力、语言外能力、转换能力、职业能力、心理生理能力和决策能力。

（五）跨文化能力培养目标

跨文化学习主要包括跨文化接触、跨文化理解和跨文化交际三个层次。跨文化接触，就是个体通过有选择地借用母国文化来接触跨文化，对跨文化所做的富有个性特征的统合和再现。跨文化理解就是辩证地认识日本文化的内涵、思想观点。学习者固有的价值观、思维方式会直接影响到对跨文化的理解和认识。跨文化交际又称为跨文化知识应用，主要是指与日本人进行交际时如何避免发生文化冲突，使交际朝向我们期待的目标发展，让交际顺利进行。

为实现跨文化理解与交际需要具备各种能力。根据斯皮茨巴克关于跨文化交际模型的实验研究，跨文化交际能力可以分为：跨文化适应力、异社会体系对应能力、对焦虑的心理调节力、建立新的人际关系能力、促进交际的能力、对相互关系的干预或参与、理解他人的能力、文化差异的认知能力、对自我与文化关系的认知能力、交际能力、责任管理力、自我同一性探求、会话管理力、坦率程度、灵活处理人际关系的能力、区别力、社会适应力、主张自我意见的统帅力、管理能力等。此外，他还列举出影响跨文化理解与跨文化间交际的诸多要素，如交际的有效性、达到课题目标、交际机能、“软件”移动、注意的深度、非本民族中心主义、领袖风范、非言语行为、对交际的牵挂、文化间的共鸣、文化的相互作用、理想与愿望、从属性不安、协调性、自我意识、顺应性、对人际关系的精通程度、言语交际时的共鸣或有效性、自主行为习惯、性格特征的优点、言语活动的敏感性或成熟度、对个人或家族的适应性、韧性、自信、主导权等。

日语教学关于跨文化的能力培养不在于跨文化接触，重在对跨文化的理解和跨文化交际能力的培养。结合日语学习特点，我们将跨文化能力概括为：意志决断能力、问题解决能力、创造性思考能力、批判性思考能力、有效的交际能力、对人关系能力、自我认识能力、共鸣能力、情感控制能力、对焦虑的处理能力（心理调节能力）。意志决断能力，即明确自我究竟要做什么、想做什么这一目标意识，从而决定自我行为目标和方向。问题解决能力，包括目标设定，其中最重要的是发现问题和选择最恰当的解决问题的方法以及如何达到目标的企划能力。创造性思考能力，即把获得的信息创造性地组合，创造出独特的思考和计划的能力。批判性思考能力，即对获得的信息、经验以客观的方法进行分析的能力。有效的交际能力，即采用言语与非言语形式自我表达的能力。对人关系能力，即与他人保持良好人际关系的能力。自我认识能力，即对自我的性格、优缺点、愿望、好恶等的认识能力。共鸣能力，即对他人的意见、情感、立场、心情能够产生共鸣又不为其所左右的能力。情感控制能力，即对喜怒哀乐等情感的自我控制力。对焦虑的处理能力，即了解跨文化学习过程中产生的焦虑源，为解消焦虑而采取适当措施的能力，也称作心理调节能力。帮助学生了解跨文化理解和交际的心理特点，掌握跨文化学习的方法，是跨文化教学关于跨文化交际能力的培养目标。

第二章　日语教学模式研究

教学模式就是在一定的教学思想和教学理论的指导下所形成的教学活动的基本架构和基本策略，它是经过一定的教学实践形成的一种相对稳定的教学方法。本章介绍了日语教学模式的基本概念、基本结构以及特点，并且梳理了国际外语教学模式、日语教学模式的发展历程，并回顾和展望了我国日语教学的发展。

第一节　日语教学模式概述

一、日语教学模式的概念

日语教学模式就是在一定的教学理论或教学思想指导下，为实现特定的教学目标，经过较长时期的日语教学实践逐渐形成的关于日语教学活动过程的基本程序框架模型。它既是教学理论或教学思想的具体呈现，也是教学经验的系统概括；既可以从长期的教学实践经验中直接概括形成，也可以先提出理论假设，然后在反复的教学实践中加以验证、完善后总结形成。日语教学模式是从教学的整体出发的，不仅是教学思想在教学活动中的具体化，更直接体现了该教学思想所主张的课程设计、教学原则、教学手段以及师生关系等内容。日语教学模式具有典型性、稳定性、程序性、简易性，同时，日语教学模式并不是僵化的教条，而是具有发展变化、灵活性和可操作性的程序框架。

二、日语教学模式的结构

日语教学模式一般包括五个基本元素：教学依据、教学目标、教学条件、教学程序以及教学评价。

（一）教学依据

教学依据即教学模式所依据的教学理论或教学思想。任何教学模式都是一定的教学理论或教学思想的反映。日语教学模式就是在一定的教学理论或教学思想指导下设定的日语教学活动范式。不同的教学模式，其依据的教育理论或教学思想也往往不同。例如，传授式教学模式源于德国教育学家赫尔巴特的四阶段教学法，尤其受美国心理学家斯金纳新行为主义教育流派的操作性条件作用理论的影响。其基本的操作程序是：激发学习动机—讲授新知识—操作练习—检查结果—适时复习。有意义接受学习教学模式主要依据奥苏贝尔提出的先行组织者教学理论，强调积极的有意义学习，即学生将新旧知识在头脑里发生积极的相互作用，将外部提供的材料融进自己的认知结构。其基本的操作程序为：呈现先行组织者—逐步分化—整合贯通。探究式教学模式主要依据当代建构主义学习理论，其基本的操作程序是：创设情境—提出问题—提出假设—逻辑推理—验证假设—总结提高。

（二）教学目标

教学目标是教学活动的出发点和最终归宿，也是开展教学活动的方向和预期的结果。在开展教学活动时，首先需要提出明确而切实可行的教学目标，并紧紧围绕该目标实施教学行为。任何教学模式都指向和完成一定的教学目标，它是设计教学模式的操作程序的依据。在教学模式的结构中，教学目标居于核心地位，对教学模式的其他元素起着制约作用。教学目标对教学模式的操作程序和师生组合关系起决定作用，同时也是教学评价的检验标尺。由于教学目标与教学模式具有极强的内在统一性，所以教学目标体现了教学模式的个性。

（三）教学条件

任何教学模式都设有特定的教学条件，只有满足相应的教学条件，教学模式才能发挥作用。因此，教学条件也就是指完成一定的教学目标，能使教学模式发挥效力所必需的各种条件因素。具体而言，教学条件包括对教师、学生、教学内容、教学手段、教学时间、教学环境等因素的特定要求。

（四）教学程序

任何教学模式都有其特定的逻辑步骤和操作程序，它是实现教学目标的步骤和过程。教学程序源自教学阶段的划分，并依据教学内容进行有针对性的具体设计，从而形成相对稳定的可操作的教学步骤。教学程序规定了教学活动中师生的角色和任务。在不同的教学模式中，教师与学生在教学活动中的地位、角色和作用不同，他们的组合方式和互动方式也不同。

（五）教学评价

教学评价是教学模式的重要组成元素之一，它包括衡量教学活动是否达到教学目标的评价方法和评价标准。由于不同的教学模式具有不同的教学任务和教学目标，而且其操作程序和支持条件也不同，因此不同的教学模式的评价方法和评价标准也有所不同。一种成熟的教学模式，往往规定了相应的教学评价方式。

三、日语教学模式的特点

（一）整体性

教学模式是教学现实与教学思想的统一，它把教学活动的教学条件、教学程序、教学评价等与特定的教学理论、教学目标结合起来，共同形成有机的整体。因此，教学模式拥有一套完整的结构和操作要求，这不仅使教学模式整体发挥效用，还体现了理论上的自圆其说和过程上的有始有终。

（二）指向性

任何教学模式都有其特定的教学目标和教学条件，因此任何教学模式都有各自的针对性和局限性。既不存在普遍适用的、万能的教学模式，也不存在最好的教学模式。评价教学模式的标准是在一定的教学条件下达到特定教学目标的有效性。在教学过程中，选择教学模式时必须注意不同教学模式的特点和性能。教师可根据教学目标、自身的条件、学生特点、课程需要以及教学环境等因素合理利用、改造甚至创设教学模式，不能生搬硬套、牵强附会，否则不仅无法得到良好的教学效果，甚至可能适得其反。

（三）程序性

教学模式不是单纯的理论阐述，它把某种教学理论中最核心部分用简化的形式表现出来，使教学思想具体化和程序化。教学模式本身的意义是为教师提供教学行为框架，便于教师理解、把握、运用和推广，使得教师在开展课堂教学活动时有章可循，达到事半功倍的教学效果。

（四）稳定性

教学模式是对大量教学实践的理论概括，在一定程度上揭示了教学活动的普遍规律。一般而言，教学模式并不涉及学科内容，对教学活动起着普遍的参考作用。在此基础上发展而来的学科教学模式，则根据学科课程内容融入了学科的教学特点，对该学科的教学活动起着普遍的参考作用。无论是一般的教学模式，还是学科教学模式，都具有一定的稳定性。然而，任何教学模式所依据的教学理论或教学思想都是一定历史时期的社会产物，因此教学模式又与一定历史时期的社会发展水平相联系，并受其教育方针和教育目的的制约。由此可见，教学模式的稳定性又是相对的。

（五）开放性

教学模式的开放性主要体现在两个方面。一方面，在运用教学模式时，必须考虑具体的教学条件，需要根据学科特点、教学内容、师生条件、教学环境等进行适当的调整；另一方面，随着时代的发展，教学理论、教学思想在更新，教学条件、教学目标也在发生变化，旧的教学模式可以根据新的教学理论、教学条件等加以改造后再利用。

四、日语教学模式的功能

（一）使抽象的教学理论具体化

日语教学模式是对日语教学理论的简化表达，是对日语教学理论的系统概括和具体再现。任何教学模式都是一定教学理论或教学思想的反映，它通过符号、图式、文字及关系表达等，简明扼要地反映了其理论依据的基本特征，使人们获得比抽象理论更为具体化的教学操作程序。另一方面，教学理论通过教学模式的具体化，为理论与实践架起一座桥梁，使人们能够更加容易理解或接受教学理论，从而使抽象的教学理论得以发挥其指导教学实践的功能。

（二）是对教学实践经验的理论升华

教学模式来源于实践，是在长期的教学实践活动的基础上对大量的教学实践活动进行选择、提炼、概括、加工的结果。因此，教学模式不仅是对已有教学活动的经验总结，更是为某一类型的教学活动提供的一种相对稳定的操作程序。这种操作程序有着内在的逻辑关系，是对教学实践经验的升华，对于特定类型的教学活动来说具有理论指导意义。随着对教学实践经验的概括、整理水平不断提高，教学模式也随之由低层次向高层次不断发展、完善，进而形成体系完整、指导性强的教学理论。

（三）从整体上综合地把握教学活动过程

人们对教学的考察长期以来比较重视对教学的各个部分进行分析研究，而忽视对各部分之间关联性的研究。即使涉及各部分关系的探讨，也往往只是进行抽象的讨论，而缺乏对教学活动可操作性的探讨。教学模式的提出可以说是对教学研究方法论的一种革新。按照教学模式开展教学可以从整体上综合地把握教学的全过程，不仅关注教学各要素之间的相互作用及其多样化的表现形态，还以动态的观点把握教学过程的本质和规律。

此外，教学模式还促进了教学设计的改善和教学过程的优化组合。

第二节　日语教学模式的发展趋势

一、当代国际外语教学模式与日语教学

教学模式是教学理论或教学思想的具体化，不同历史时期、不同研究者所提出的教学理论或教学思想难免存在差异，据此形成的教学模式当然各不相同，甚至存在较大差别。当代国际上出现的教学模式多种多样，其理论依据、教学特点、适用范围等也各有不同。影响比较大的教学模式主要有传授式、自主学习式、探究式、概念获得式、抛锚式、范例式、合作式、发现式、巴特勒式、加涅式、奥苏贝尔式等。这里选择几种在当代国际外语教学领域影响较大，在日语教学实践中有广泛意义的教学模式简要介绍如下。

（一）传授式教学

传授式教学模式由于注重教师对知识、技能的传递，学生处于被动接受地位，所以常称作“传递—接受”式教学模式。该教学模式源于被誉为“教育科学之父”的德国教育学家、心理学家赫尔巴特的四段教学法，后经苏联教育学家凯洛夫等人改造后传入我国。该教学模式注重系统知识的传授和基本技能的培养，着眼于充分挖掘学生的记忆力、推理能力以及间接经验的作用，使学生快速有效地掌握尽可能多的信息量。该模式认为知识是由教师到学生的一种单向传递，因而非常重视教师的指导作用和教师的权威性。传授式教学在我国流行甚广、影响巨大，可以说是传统的教学模式。时至今日，仍有不少日语教师在教学中沿用这种教学模式。

1．理论依据与教学基本程序

传授式教学模式根据行为主义心理学的原理设计，尤其受斯金纳新行为主义教育流派的操作性条件作用理论的影响，强调对学习者行为的强

化，即通过不断强化一系列逐渐接近目标行为的反应来塑造预期的目标行为。

传授式教学模式的教学基本程序是：复习旧知识—激发学习动机—讲授新知识—操作练习—检查结果—适时复习。复习旧知识是为了强化记忆、加深理解、系统整理知识、加强知识之间的联系。激发学习动机是根据新知识创设一定情境，并设计相应的活动，以激发学生的学习兴趣。讲授新知识作为教学的核心，主要以教师讲授为主，学生跟随教师的教学节奏按部就班地完成教师布置的学习任务。操作练习让学生实际练习新学知识，培养运用新学知识解决问题的能力。检查结果是通过学生课堂回答问题、家庭作业、测试来考查学生对新知识的掌握情况。适时复习是通过课堂复习、测试等方式对所学知识复习强化，目的是为了强化记忆、加深理解。

2. 实施条件

教师需要有比较扎实的日语知识，并对日语知识的体系结构等有比较全面的了解。为了充分发挥教师的主导作用，需要根据学生的认知水平对教学内容进行加工整理，使新学知识与学生已有知识结构建立起联系。同时，还要把握学生的学习情况，对遇到困难和问题的学生及时提供帮助和指导。教学活动中需要提供相应的日语教材、教具（黑板、粉笔、白板、马克笔、挂图、模型、音像资料、音像设备等）作为辅助教学条件。

3. 优点与局限性

传授式教学模式的优点是学生在较短时间内可以获得大量信息，所学知识有较强的系统性和体系性，便于学生系统掌握日语知识。因此，不少教师为了让学生在应对偏重知识性考查的考试中获得较好成绩，在课堂教学中往往对日语语法、日语词汇等知识性内容进行大量讲解，甚至认为讲解得越详细越好，把培养学生实际运用日语完成交际的能力放在次要的位置。

传授式教学模式特别注重教师单向的知识传授，很容易形成“满堂灌”“填鸭式”的课堂教学，而缺少学生的参与和互动，导致不少学生很难在短时间内接受大量信息，很难真正理解和掌握。长期采用该模式教学日语，学生往往呈现单一化、模式化的人格倾向，既不善于开口说日语，也很难运用日语写作。因此，传授式教学模式既不利于学生的全面发展，也不利于培养学生的创新思维和分析问题、解决问题的能力，以至于不少学生都是“高分低能”，日语知识掌握了不少，而实际应用能力严重不足。

（二）探究式教学

探究式教学模式以解决问题为中心，注重学生的独立活动，着眼于培养学生的思维能力和情感态度。在教学过程中，要求学生在教师指导下，通过“自主、探究、合作”的方式尽可能运用日语对教学中的主要知识点进行自主学习、深入探究、合作交流，从而达到预期的目标。其中，认知目标涉及知识、概念、规则、能力的掌握，情感目标则涉及感情、态度、价值观和道德品质的培养。

1．理论依据与教学基本程序

探究式教学模式的理论依据主要是基于瑞士儿童心理学家皮亚杰创立的“发生认识论”和美国教育心理学家杰罗姆·布鲁纳提出的“发现学习”等教育思想形成的当代建构主义学习理论。探究式教学强调学习过程，要求学生主动参与意义的建构和知识的获得，培养学生的探究和思维能力。探究式教学模式倡导在教师指导下以学生为中心的学习，既强调学生的认知主体作用，又不忽视教师的指导作用。在教学过程中，学生是信息加工的主体和意义的主动建构者，而不是被动的接受者和被灌输的对象；教师是教学活动的组织者、学习活动的帮助者和促进者，而不是知识的传授者与灌输者。

探究式教学紧紧围绕学生探究能力的培养，突出以学生为主体，坚持在运用中学习、在探究中提出问题与解决方案、在合作中培养情感态度，探究式教学模式的基本教学程序是：创设情境—提出问题—提出假设—逻辑推理—验证假设—总结提高。其中“提出问题”环节既可以由教师提出问题，也可在教师引导下由学生提出问题；而“提出假设—逻辑推理—验证假设”等环节需要在教师指导下，由学生通过自主探究、协作交流等方式完成。

（1）创建情境

教师精心设计教学程序，创设与教学主题相关的、尽可能真实的情境，使教学过程能在贴近生活实际的情境中发生。在此情境下学习，学生能够激发自身的联想思维和学习兴趣，能够有效利用已有认知结构，去同化和引出当前的新知识，从而在新旧知识之间建立起联系，并赋予新知识以某种意义。

（2）提出问题

学习对象确定后，在探究之前由教师向全班学生提出若干富有启发性、能引起学生思考并与当前学习主题密切相关的问题，以便全班学生带着这些问题去探究。当然，问题的提出也可以在教师指导下由学生来完成。教师可以引导学生通过质疑、联想、比较、批判等方法，以及学生自我设问、学生之间设问、师生之间设问等方式提出问题，培养学生提出问题的能力，促使学生主动探究。

（3）自主探究

探究式教学模式特别强调学生的自主学习和自主探究，教师需要启发、引导、鼓励学生自己去分析问题、解决问题，在学生的探究过程中教师要适时提供帮助。在整个教学过程中，学生始终处于主动探究、主动思考、主动建构意义的认知主体地位，但是学生的这些行为又离不开教师的引导和帮助，充分体现了学生作为探究学习的主体与教师作为组织、指导主体的有机结合。

（4）协作交流

协作交流与自主探究环节紧密相连，学生只有经过积极思考、自主探究后，再与他人协作交流才能收到应有的效果。在协作交流过程中，学生通过小组协商、交流、讨论，进一步完善和深化对主题的意义建构，并通过不同观点的碰撞，加深或修正对问题的理解，了解问题的不同侧面和解决方法，从而对问题产生新的认知。教师在学生的协作交流过程中起着组织、协调、引导的作用。

（5）总结提高

教师引导学生回答问题并对学习成果进行分析、归纳，在此过程中可以联系实际，对新学知识点进行深化、迁移与提高。

2. 实施条件

探究式教学模式需要有宽松、民主的教学环境，这样才能充分调动学生的学习主动性，发挥学生的动手、动脑能力。在教学过程中，学生的学习主体地位能否得到比较充分的体现是关键，同时学生需要教师及时引导、帮助与支持。也就是说，探究式教学模式的实施既要充分体现学生的学习主体地位，又要重视发挥教师的指导作用，二者相辅相成，离开其中的任何一方，探究式学习都不可能取得良好的效果。

此外，为了便于学生开展日语学习的自主探究，教师需要向学生提供一定的日语课程资源，如互联网、日语图书资料、日语音像资料等。

3. 优点与局限性

探究式教学模式不仅可以较深入地达到对知识、技能的理解与掌握，更有利于发展学生的创新思维与创新能力，培养学生的民主与合作意识，培养学生的自主学习和独立探究的能力。不过，实施探究式教学通常要求班级学生人数不能太多，而且需要学生具有一定的日语能力，同时需要有较好的日语课程资源和较为宽裕的教学时间。此外，考虑到学生自主探究过程中可能出现的各种情况，教师在课前需要做大量的准备工作。在重视学生自主探究的同时，如何发挥教师的指导作用，何时指导，指导到何种程度等也需要在实践当中灵活把握。

（三）抛锚式教学

抛锚式教学模式又称“实例式”教学模式，这里的“锚”指问题的情境，即结合情境进行教学。抛锚式教学模式提倡教学情境的合理性和真实性，教学活动需要围绕情境设置及问题展开。确定情境及问题被比喻为“抛锚”，能使学生置身于真实的情境中，以此激发学生的学习热情，调动学生的学习主动性和积极性。问题情境一旦确定，就像船被锚固定了一样，整个教学内容和教学进程也就确定了。

1. 教学依据与教学基本程序

抛锚式教学模式的理论依据主要是建构主义学习理论。建构主义认为，学习者要完成所学知识的意义建构，即达到深刻理解新知识所反映事物的性质、规律以及与其他事物之间的关系等，最好是让学习者到真实环境中亲身感受和体验，而不是仅仅听取他人的间接经验介绍和讲解。抛锚式教学将学生引入一个贴近真实生活的问题情境中，通过镶嵌式教学、合作学习等方式，让学生亲身参与体验，并在教学活动中完成知识的意义建构和技能、情感态度的培养，最终达到学习目标。

抛锚式教学模式的基本教学程序是：创设情境—确定问题—自主学习—协作学习—效果评价。

（1）创设情境

教师需要创设与新学内容的关键知识联系紧密或者一致的贴近生活实际的故事情境或问题情境，将学生置身于此种情境中开展教学活动。如引导学生学习表示问候、拜访、问路、拒绝、道歉等交际用语等语法项目时，便可以在课堂上利用实物、图片、多媒体等创造或模拟生活情境，让学生融入情境中去直接感受和体验。

（2）确定问题

在所创设的情境下，选定与当前学习主题密切相关的贴近生活实际的事件或问题作为学习的中心内容，让学生去解决问题。例如去日本朋友家拜访、向日本人询问地址或打听某人、制作日语寻物启事等。选定的事件或问题就是“锚”，这一步骤的作用就是“抛锚”。

（3）自主学习

教师不直接告诉学生应当怎样去解决问题，只是向学生提供解决问题的有关线索，重点发展学生自主学习的能力。在此过程中，教师适时进行引导或提供帮助和补充。比如，让学生根据确定的事件或问题自主推理，利用工具书、互联网等搜集、整理相关的日语词汇和表达方式，必要时可向教师请求帮助。

（4）协作学习

组织学生开展讨论、交流，通过不同观点的碰撞，使学生加深对事件或问题的理解，进而补充、修正、完善自己的解决方案。比如，让学生分组交流、讨论，相互提示、提问以获取尽量多的有效信息和解决办法，并对各种解决方案进行评估。在交流、讨论中，学生既能反复用到目标内容，又能发展自身的思维能力。

（5）效果评价

抛锚式教学的学习过程就是解决问题的过程，该过程可以直接反映学生的学习效果。因此，教师通常不需要对学生的学习效果进行专门的测验，只需在学习过程中随时观察、记录学生的表现和完成情况，并结合学生的自我评价和小组成员互评综合评定学生的学习效果。

2. 实施条件

抛锚式教学模式是一种启发式的教学模式，要求所创设的情境能够开启学生的思路，引发学生积极思考，通过近似的情境进行逻辑推理，并以协作学习的方式获得相对全面的解决问题的方案。因此，情境创设需要贴近学生的生活，具有真实性；问题设计需要有开放性，并且难易适中，利于激发学生积极探索。在教学过程中需要充分发挥学生的主体性，激励学生自主学习、合作学习。同时，教师作为教学活动的组织者，需要适时为学生提供指导和协助。

此外，为了便于创设情境和有利于学生开展运用日语的自主学习，不仅需要教师根据教学内容准备实物、图片等，也需要学校提供一定的日语课程资源，如互联网、日语图书资料、日语音像资料、多媒体设备等。

3. 优点与局限性

抛锚式教学模式重视学生的自主学习、协作学习，不仅有利于培养学生的创新思维和独立思考、实际解决问题的能力，还能够培养学生与人沟通、合作的能力。在学习过程中，学生会面临各种问题，有时还会面对复杂的局面，这些都能够考验和锻炼学生的综合素质，促进学生对知识的整合与拓展，提高学习效果。另一方面，抛锚式教学模式要求教师具有较高的综合素养。由于教师不再是知识的传授者，而是学习活动的组织者、帮助者和合作者，这就要求教师不仅要全面地把握教学内容，还要为创设合适的情境在课前做大量的准备工作。同时，教师需要充分了解学生的特点，及时、适度地为学生提供有针对性的线索或指导，但又不能越俎代庖。此外，教师还需要根据“锚”设计各种类似或拓展性的问题，用于帮助学生进一步巩固、提高。这些问题既要与“锚”联系紧密，还要求有一定的深度和广度，而且难度适中。这些问题的设计对不少教师来说具有相当的难度。

（四）有意义接受学习模式

有意义接受学习模式，也称“奥苏贝尔模式”，是由美国认知心理学家奥苏贝尔提出来的。该模式一方面强调学校学习对间接知识的掌握，突出讲授与接受；另一方面又把教学建立在认知结构的同化理论基础之上。奥苏贝尔强调概括性强、清晰、牢固、具有可辨别性和可利用性的认知结构在学习过程中的作用，并把建立学生清晰、牢固的认知结构作为教学的主要任务。该模式围绕认知结构提出上位学习、下位学习、相关类属学习、并列结合学习、创造学习等学习类型，较有说服力地解释了新旧知识的组织形式和原理：由于该模式与我国传统教学活动方式相吻合，并结合了时代的研究成果，因此在我国的教学界产生了巨大影响。这种影响在20世纪90年代末期我国开始实施的新课程改革的相关论述中可见一斑。比如，《全日制义务教育日语课程标准（实验稿）解读》指出："交际情境的设定要贴近真实，同时，使学习者感到确实有必要掌握此项交际功能而产生学习动力和兴趣。例如，'询问'功能的训练，最好选择发问者不了解的内容，避免诸如'これは何ですか''それは本です'之类明知故问、为操练句型而练的情况。""特别需要指出的是，人们往往容易认为，只要把教材编好、教学方法选择得当，学生就会很好地学习。但是，从某种意义上说，重要的是要引导学生通过教材，开展有意义的学习，从而构建自己的知识体系。"再如，《义务教育英语课程标准（2011年版）解读》在论述改变学生的学习方式和教师的教学方式时指出："根据英语课程要积极促进学生用英语做事情的课程理念，教师更加关注如何为学生提供最有利于语言学习的环境和尽量真实的语境。这促使教师关注社会的发展、学生的生活经验以及学校的教育情境，为学生在有意义的社会环境、生活环境和学校环境中学习英语创设良好的条件……"，同时要求教师在课堂教学中"为语言学习创设有意义的语境"。

1. 教学依据与教学基本程序

有意义接受学习模式的理论依据主要是奥苏贝尔提出的有意义学习理论。奥苏贝尔提出：根据学习效果，可以将学习行为分为"有意义学习"与"机械学习"；根据引起能力变化的学习方式，可以将学习行为分为"接受学习"与"发现学习"。奥苏贝尔认为，学生的学习如果有价值，则应该尽可能有意义。所谓"有意义学习"，是指"把新获得的信息与记忆中已有的知识相联系，从而习得观点、概念和原理的学习"❶。同时，奥苏贝尔认为，学生的学习主要通过接受而不是发现去掌握间接的知识。因此讲授教学是主要的教学形式，教师应该给学生提供经过仔细考虑的、有组织的、有序列的、完整的和有用的学习材料。

有意义学习主要有"表征学习""概念学习"和"命题学习"三类。

---

❶ 韦小满等译. 申克学习理论：教育的视角（第三版）［M］. 南京：江苏教育出版社，2003.

表征学习指学习单个符号或一组符号表示的意义，即学习符号代表什么，如学习日语的词汇、短语、谚语以及““おはようございます”“ごめんな”““おはようございます”“ごめんなさい”等惯用表达所代表的意思。概念学习指学生掌握同类事物的关键特征，如对日语中的“自动词”“他动词”“命令形”等概念的掌握。命题学习指学生将所学习的用句子表述的命题与自身的认知结构中已有的概念建立起联系。命题学习必须建立在概念学习的基础之上。根据命题与学生已有命题之间的关系，命题学习通常分为三类：下位学习或类属学习、上位学习或总括学习、并列结合学习。

有意义接受学习模式的基本教学程序是：提出先行组织者—逐步分化—整合贯通。

“先行组织者”是指在呈现新知识之前所呈现的引导性材料，该材料比新知识本身更加抽象、综合、概括，能与学生已有知识结构关联起来，起着连接新旧知识的桥梁作用。奥苏贝尔把这样的引导性材料称为“组织者”。由于这些材料是在学生正式学习新知识之前呈现的，所以又称为“先行组织者”。奥苏贝尔把“先行组织者”分为两类：第一类，学生对新知识完全陌生。可采用陈述性的组织者一学生先行学习这样的材料后，能将材料中高度抽象概括化的观念渗入学生已有的认知结构之中，当学习新知识时，认知结构中就具备了可利用的知识或观念。第二类，学生对新知识不完全陌生，可采用比较性的组织者。学生事先学习这样的材料后，能分清新旧知识间的异同，增强新旧知识间的可辨别性，然后教师将概括性观念渗入学生已有的认知结构之中，以利于正式材料的学习。

逐步分化是指教师根据人们认识新事物的自然顺序和认知结构的组织顺序，对新知识进行自上而下、由总到分，由一般到个别的纵向组织方式。现代认知结构理论认为，由已习得的包容性较广的总体知识中掌握分化知识，较之由已习得的包容性较小的分化知识形成总体知识更为容易；知识在头脑中呈现分层次的组织结构，包容最广的观念处于结构的顶端，并渐次容纳包容性较小的分化了的命题、概念等知识。因此，教师在呈现教学材料时，应首先介绍具有较高概括性和包容性的知识，然后再呈现概括性渐次减弱的知识。通过逐步分化的策略来呈现新知识，不仅能提高学生的学习效率，而且有利于知识的保持与迁移。

整合贯通是指教师组织学生从横向对已有知识结构进行重新组合，加强学习材料中概念、原理、课题之间的联系，通过类推、分析、比较、综合等方式对知识结构进行梳理，明确新旧知识之间的联系与区别，消除知识之间的矛盾，使学生能够融会贯通，形成清晰、稳定、协调的知识体系。

2. 实施条件

有意义接受学习模式与其他学习模式一样，也需要依赖一定的教学条件，并具有独特的应用范围。除了最基本的教学条件，奥苏贝尔还提出了三个必备的前提条件。

第一，学习材料本身必须按照一定的原则和逻辑进行排列组织。只有具备这种特点的学习材料，才能与学生的认知结构建立起非人为的、实质性的意义联系。如果学习材料本身是任意的，没有任何规律或逻辑，不能表征任何实在的意义，如无意义的音节、任意排列的假名组合等，那么这样的材料就不可能通过有意义学习来掌握，只能是机械地死记硬背。

第二，学生在学习前必须具备有意义学习的心理。也就是说，学习者必须具备积极主动地把新知识与已有认知结构中的适当观念联系起来的倾向性。学生是否具备有意义学习的心理，决定了学生学习行为是否为有意义学习。只有通过有意义的学习，使学生已有认知结构不断分化和重新组织，将新知识内化、整合进已有的认知结构中，才能获得有关新知识的明确而稳定的意义，即获得心理意义。缺乏有意义学习心理的学生，即使是有逻辑意义或潜在意义的学习材料，也不会主动地寻求新旧知识间的联系，而是机械地记忆或学习。

第三，学生的已有认知结构中必须具有能够同化新知识的适当观念。认知结构对有意义学习的影响主要取决于原有知识的可利用性、新旧知识间的可辨别性以及原有知识的稳定性和清晰性。可利用性是指学生已有的认知结构中存在可与新知识发生意义联系的适当观念，这些观念对理解新知识的意义起着固定作用，即为新知识与原有认知结构之间提供一个固定点，使新知识能固定在原有的认知结构中，进而与认知结构中的其他有关的观念联系起来。可辨别性是指新知识与原有的起固定作用的知识间的可分化程度，如果新旧知识之间差异很小，不能互相区别，那么新旧知识间就极易造成混淆，新知识就会被原有的知识取代或被简单地理解成原有知识。原有知识的稳定性和清晰性是指学生对起固定作用的原有知识的理解是否明确、稳固。如果学生对原有的知识掌握得不稳固，理解模糊不清、似是而非，那么原有知识不仅不能为新知识提供有力的固定点，还会混淆新旧知识，干扰新知识的掌握。

3．优点与局限性

有意义接受学习模式是人类的一种普遍性学习模式。该模式有利于智力技能，如概念、原理、规律、问题解决等表现出来的陈述性知识、程序性知识以及策略性知识的学习和掌握；有利于丰富和完善学生的知识体系，对培养学生的创造力也有明显的效果。但是，有意义接受学习模式对教师的要求较高，如先行组织者、逐步分化和整合贯通等策略的运用，对学生已有知识结构的掌握等都需要教师深入研究和准确把握教材内容。这一方面强化了教师的中心地位，弱化了学生的学习能动性；另一方面，该模式需要学生运用已有认知结构去同化新知识，而已有认知结构基本上表现为学生已有的知识和技能，忽视了学生的学习态度、兴趣等在同化新知识过程中的应有作用。因此，有意义接受学习模式在激发和培养学生的情感、态度、兴趣、价值观等非智力因素方面具有局限性。

（五）自主学习

自主学习模式是与传统学习模式相对应的一种现代教学模式。顾名思义，自主学习是以学生为学习主体，教师作为组织者和帮助者开展教学活动，通过学生独立完成分析、探索、实践、质疑、创造等活动实现学习目标的教学模式。自主学习并不是要完全否定传统的接受式学习模式，而是强调让学生学会独立学习，通过培育学生强烈的学习动机和浓厚的学习兴趣，从而进行能动的学习，即主动且自觉自愿地学习，而不是被动地或不情愿地学习，为终身学习奠定基础。

1．教学依据与教学基本程序

自主学习模式的理论依据是以人本主义心理学为基础，以学生为学习和认知主体的现代教学理论，主要体现在以下三个方面。

（1）学习主体自主性发展的教育观

现代社会的发展需要具有创新精神和创新能力的人，这就要求现代教育必须培养具备自主性发展的人。不重视学生自主性发展，只重视知识的掌握，实行整齐划一的教育模式，就会抹杀学生的创新精神、创新能力和个性发展，造成学生被动学习、参与意识不强、实践能力差等弊端。倡导在教师指导下的学生自主学习模式，就是力图实现学生的自主性发展，着重培养学生的创新精神和创新能力。

（2）以“学”为中心的现代教学理念

传统的教学理念基本上以“教”为中心，已经不适应现代信息社会的发展。在信息高度发达的现代社会中，与其教学生“学会知识”，不如教学生“学会学习”。因此，需要重视学生的学习自主性和能动性，确立以“学”为中心的现代教学观念，真正承认学生主体发展和自主发展的地位，使现代社会的教学模式更加符合信息社会对学生学习知识与技能以及学生人格发展的内在需求。

（3）强调学生实践能力的学习观

自主学习模式不仅要求学生理解和掌握书本知识，更要求教师引导学生进行经验的积累和理论化，学生不仅需要懂得“是什么”和“为什么”，更要懂得“怎么做”。

自主学习模式的基本教学程序是：呈现学习策略—学习策略具体化—鼓励深入学习—组织学习训练。

为了让学生“学会学习”，教师首先要向学生提供充分有效的学习策略，并让学生懂得如何使用这些策略；其次要对如何运用这些策略解决具体问题提供清晰的说明；然后提供学习机会，鼓励学生超越书本深入思考和探究，放手让学生为自己的学习利用适合的学习资源，并要求依照学生自己的思考和理解重新组织学习内容，自主总结归纳，得出学习结论；最后要组织学生进行适当的学习训练、问答式对话或讨论，引导学生不偏离学习目标，以获得预期的学习效果。

2. 实施条件

自主学习模式就是学生自立、自为、自律地实施学习行为的教学模式。学生的自立性、自为性和自律性既是实施自主学习的三个基本前提条件，也是自主学习的基本特征。

第一，自立性是自主学习的基础。学生是学习行为的主体，任何人都不能替代学生完成学习。每个学生是具有相对独立性的个体，都具有各自的心理认知系统，学习是学生对外界刺激信息进行独立分析、思考的结果。因此，可以说每个学生都具有自己独特的学习方式，而学习对于每个学生又具有各自不同的特殊意义。学生个体本质上都有获得独立自主的欲望，这正是学生自主性发展的内在根据和动力。学习能力是人与生俱来的基本能力，每个学生都必然具有一定的独立学习的能力，能够依靠自己解决学习过程中的问题，从而获取知识。可见，自立性既是自主学习的基础，是学习主体的内在本质属性，也是每个学习者普遍具有的素质。

第二，自为性是自主学习的实质。学习自为性是学生独立学习的体现，它包含学生对新知识进行自主探索、自主选择、自主建构、自主创造的全部过程。

自主探索通常基于好奇心。好奇心是产生学习需求和学习动力的源泉。自主探索就是学生基于好奇心对事物、环境、事件等的自我求知、探知的过程。自主选择是指学生自主选定外部信息，并将其纳入认知领域。只有被学生注意到的信息才能被学生选择进而被认知。一种信息能够引起学生的注意，主要是由于该信息与学生的内在需求一致。自主建构是指学生在学习过程中自己建构知识的过程。建构知识既是对新知识的建构，又是对已有知识的改造和重组。自主创造是指学生在建构知识的基础上，创造出能够指导实践并满足自己需求的实践理念模式。自主创造是一种创造性思维活动，在此过程中，学生充分调动、激活记忆信息库中的相关信息，并积极组织知识系统，创造性地获得新知识。探索—选择—建构—创造的过程，既是学生学习、掌握知识的一般过程，也是学生自主生成、自主实现、自主发展知识的过程。

第三，自律性是自主学习的保障。自律性是指学生对自己学习行为的自我约束或规范，在学习过程中表现为学生自觉地学习。自律性体现学生的学习责任感，促使学生不断进取、持之以恒，其外在表现是学习的主动性和积极性。主动性和积极性来自学生的学习自觉性。只有当学生自主认识到学习的目标意义，才能促使学生处于主动和积极的学习状态；只有主动、积极地学习，才能充分激发学生的学习潜能，达到学习目标。

自主学习模式的教学条件是学生在学习目标、学习内容、学习方法、学习材料等方面拥有自由选择权。这种自由选择权的大小取决于人为环境和物质环境两个方面。人为环境决定学生自主学习的信任度和宽容度。这里的人为环境既包括国家、社会、家庭以及学生本人对教育的理解和期望，也包括教育思想对教育目的、教育目标的认识。物质环境决定学生可以利用的学习资源，包括能够供学生自由选择的资料、场所、设施等各种物质资源。随着科学技术的发展，为学生提供信息化学习的物质基础显得尤为重要。为了便于学生自主学习，学校和教师应尽可能为学生提供丰富的可自由选择的物质资源。

3. **优点与局限性**

自主学习模式有利于发展学生的个性。培养学生的独立能力，使学生得到全面发展。主要体现在以下几个方面。

第一，自主学习能够培养学生优良的学习品质。自主学习使学生真正成为学习的主人，学生自己掌握学习的整个过程，并对自己的学习行为负责，大大强化了学生学习的主动性和积极性。在学习过程中，学生逐渐形成适合自己的学习方法，养成良好的学习习惯。在自主学习的过程中，学生能够开阔思路、丰富想象，并根据自身的需求进一步明确学习目标。同时，学生能够根据自身的学习情况调整、完善自己的知识结构、思维方式和学习方式，克服困难和挫折，敢于质疑和批判，勇于进取和创新。

第二，自主学习能够培养学生的自信心。在自由的学习环境、良好的学习氛围中，通过教师的正确引导和适当点拨，学生能够独立自主地探究并独自获取知识，从而体验独自取得成功的喜悦，极大地增强其学习的自信心。在自主学习的过程中，教师尊重学生的观点和问题，课堂氛围宽松和谐、积极进取。在教师的肯定和鼓励下，学生的个性得到充分展示，自信心不断增强，这样进一步激发了学生的学习兴趣和热情。第三，自主学习能够培养学生的创造力。学生在自主学习的过程中，既有成功的喜悦，也会遭遇挫折乃至失败。由于是学生自觉、自主的学习活动，在教师的指导和鼓励下，学生会乐于进取、积极探索，改进思维方式和学习方法，直至取得成功。在此过程中，学生的个性得到发展，自身价值得到肯定，好奇心和求知欲被激发并获得满足。轻松的学习氛围和活跃的思维状态，有利于培养学生的创新思维，使学生迸发出无穷的创造力。

第四，自主学习能够培养学生独立发展的能力。自主学习强调学生成为学习的真正主人，学生需要自己确定学习目标，自主安排学习内容，自己确定学习方式，整个学习过程要求学生做到心中有数，并以极大的热情投入到整个学习活动之中。这与传统的教学方式极为不同，学生不再是被动的教育对象，学生也不再被动地接受教师确定的发展目标、发展目的和发展方向。在自主学习的过程中，学生的“学”处于中心位置，教师起着帮扶和引导学生完成学习的作用。学生通过自学、探索、发现获得新知识、解决新问题的同时，既了解了自身的特点，发展了自己的个性，也锻炼了独自发现问题、思考问题和解决问题的能力，培养了独立发展的能力。

另一方面，自主学习模式在学校教育的大环境中给学生创造出一定的自主学习的空间，以满足不同学生的需要，使学生获得全面发展的机会，并培养学生的自主学习能力，为学生的终身学习奠定基础。

此外，由于学习态度、学习动机以及个人性格等方面的原因，并非所有的学生一开始就愿意为自己的学习负责，而且传统的教育思想和教学模式也容易导致学生养成过于依靠教师和家长的学习习惯。这就要求教师不仅要改善教学方式，革新教学理念，还要求教师教给学生各种学习策略，进而让学生形成适合自身的学习方法。教师不仅要给予学生充分的信任和宽容，容许学生犯错，还要不断地给予学生引导和鼓励，逐步培养学生的学习自信心和独立学习的能力。因此，自主学习模式并不能替代和否定学校教育，只能是学校教育的组成部分和课堂教学的必要补充。

（六）合作学习

当代合作学习模式兴起于20世纪70年代的美国，在美国教育心理学家斯莱文（Robert E. Slavin）等学者的倡导下，于80年代后期取得实质性进展，成为美国教育界的时尚，进而发展为当代主流的教学理论之一。合作学习是一种富有创意和实效的教学模式，因其在改善课堂内的学习氛围、普遍提高学生的学业成绩、促进学生形成良好的非智力因素等方面成效显著，而在世界范围内备受关注并被广泛采用。国内外采用合作学习的学习方式主要有以下几种。

（1）问题式合作：这种合作学习方式可分为生问生答、生问师答、师问生答、抢答竞赛等形式。

（2）表演式合作：通过表演的形式激发学生的学习兴趣，培养学生自主探究的学习品质，或者作为课堂的小结形式，检验学生对所学知识的理解。

（3）讨论式合作：让学生就某一内容或问题进行讨论，在讨论的过程中完成自我教育。

（4）论文式合作：在教师指导下，学生开展社会调查实践，并以论文的形式汇报社会调查实践的结果。

（5）学科式合作：将几门学科横向联合起来，选择其中的共同主题开展合作学习。

1．教学依据与教学基本程序

当代合作学习模式的理论依据主要是美国社会心理学家多伊奇（Morton Deutsch）提出的目标结构理论和瑞士儿童心理学家皮亚杰等人提出的发展理论。目标结构理论认为：在团体中，因对个体达到目标的奖励方式不同，导致在达到目标的过程中，个体之间的相互作用方式也不同；在合作型目标结构中，团体成员拥有共同的目标，只有当所有成员都达到目标，个体自身才能达到目标；团体中有一人达不到目标，其他人也达不到自己的目标。因此，团体成员之间必须形成积极的相互促进关系，以一种既有利于自己成功又有利于同伴成功的方式活动。合作目标结构促使学生之间建立起积极的同伴关系，而这种同伴关系对学生的学习产生积极而巨大的影响。发展理论认为：在适当的任务中，儿童之间的相互作用能提高他们对关键概念的掌握和理解；学生在学习任务方面的相互作用能促使认知水平提高；学生之间可以通过讨论学习内容、解决认知冲突、阐明不充分的推理而最终达到对知识的理解。目标结构理论从学习动机的角度，强调合作目标对学生完成学习任务的诱因影响；发展理论则从学习认知的角度，关注合作学习对学生完成任务的效果影响。

当代合作学习模式的基本教学程序是：明确学习目标—确定合作组员—选择合作形式—监控合作表现—总结合作成果。

在开展合作学习之前，为了让合作学习正常进行并取得预期效果，必须明确学习目标。反映学习目标的合作学习结果有多种呈现形式，如书面或口头汇报合作学习过程、书面或口头汇报合作学习成果、表演或展示学习成果等。确定合作伙伴包括小组人数、组员构成、角色分配等。一般来说，小组活动最为有效的人数为4~6人。组员过少，教师与小组互动时间太少；组员过多，组内讨论等花费时间多，且不容易统一意见。为了增进合作，使小组内能发生不同角度、不同观点的碰撞，应根据学生的性别、成绩、性格特点等进行适当调配，使各个层次、类型的学生都能够在合作学习中有所收获。合作学习还要求对学生在组内或跨组活动中进行任务分工，以增强学生的责任感、提高合作效率，从而实现有效合作。在对学生进行角色分配时，应体现角色平等、职能公平，避免“行政化”的层级结构。合作学习的形式多种多样，包括同伴间的互助学习，如同桌伙伴间的合作学习、课余时朋友间的合作学习等；小组合作学习，如课堂上的小组讨论、小组探究、兴趣小组活动等；全班合作学习，如班级集体讨论、角色扮演活动等。其中，小组合作学习是教学实践中采用最多的合作学习方式。在合作学习过程中，教师应对学生的合作表现进行监控。一方面，教师需要对合作学习中发现的问题、遇到的困难给予及时解决和引导，使每个小组都能够在学习中有所收获，按时完成合作学习任务；另一方面，教师需要按照教学时间安排及时控制合作学习的进程，完成教学任务，不因个别小组出现问题而影响教学的整体进程。最后，需要对学生的合作学习成果进行总结和评估。在进行总结、评估时，需要注意个人表现与小组表现相结合、学术表现与合作技能相结合。总结和评估可以看作是更大范围的合作学习，既可以是教师与学生之间共同交流学习成果的过程，也可以是小组之间合作交流学习成果的过程。根据需要，可以由各组选派代表进行总结、评估，也可以由一个小组进行整体性的总结、评估，其他小组加以补充。

2. 实施条件

为实施有效的合作学习，斯莱文认为，在课堂情境中，小组目标和个人责任是影响合作学习效果的两个最主要的因素。小组目标是合作学习的内在动机，有助于形成集体合作和积极互助的精神；个人责任是达到小组目标的前提，只有每个组员都担负起责任，为小组的学习做出应有的贡献，才是真正的合作学习，才能顺利达到小组目标，同时使每个组员都掌握学习内容，达到个人的学习目标。

同为美国明尼苏达大学教授的约翰逊兄弟（David Johnson，Roger Johnson）认为，有效合作学习必须具备五个要素。

（1）积极的相互依赖：学生不仅要为自己的学习负责，还要为组内其他同学的学习负责。

（2）面对面的促进互动：通过组内同学之间的面对面交流互动，相互促进学习成功。

(3) 个人责任：明确分工，责任到人，每个学生都必须担当一定的角色，承担一定的学习任务。

(4) 合作技能：在小组合作学习中，学生要有一定的组织能力、交际能力、协调能力，并做到相互尊重、平等协作。

(5) 小组自评：小组要定期评价共同活动的情况，保持小组活动的有效性。

上述影响合作学习效果的因素或要素都是从学生的角度所做的论述。要使合作学习模式获得应有的教学效果，不仅需要关注学生的学习行为，还离不开教师的组织、协调、引导、帮助与鼓励等。在开展合作学习时，教师需要注意的事项主要有以下几方面。

(1) 逐步培养学生的合作意识和合作学习能力。尤其在起步阶段，教师需要特别加强指导和鼓励，设定的学习目标应与学生的能力相匹配，让学生体会小组合作学习的作用，获得合作学习的成功和喜悦。教师在教学中还需要为学生创设各种机会，有意识地培养学生的合作意识与合作技能。

(2) 处理好自主学习与合作学习的关系。组织合作学习前应留给学生一定的独立思考、自主学习的时间。学生个人事先深入思考，有了各自的想法后，与同伴交流、探讨才会有话可说，这样才能引发深入的讨论，从而达到合作解决问题的目的。

(3) 引导每个学生平等参与。在学生进行小组合作的过程中，教师需发挥管理和协调作用，让每个学生都能够平等参与、各负其责，避免合作学习成为少数“权威”的表演。

(4) 选择适于合作学习的内容。合作学习的内容选择很重要。合作学习的内容不仅需要有一定的趣味性和实践性，还需要具有深入探讨的价值，以吸引学生积极思考，主动参与共同讨论。

(5) 重视合作学习的质量。在组织小组合作学习活动时，应明确角色分工、责任分配，教给学生合作技能，确保合作学习有序推进，取得应有的学习效果。

(6) 引导学生积极参与合作学习。教师需要协调小组成员结构，监控合作学习表现，不能放任小组自行其是，对小组合作学习过程中遇到的问题和困难应及时加以调解和引导。

（7）引入竞争机制和激励性评价。小组合作学习对于组内成员来说，应强调相互合作；对于小组之间来说，则有必要引入竞争机制，使合作学习发挥更好的作用。对表现好的小组，教师要及时给予表扬；对表现较差的小组，教师要及时给予鼓励，进一步激发他们参与合作学习的热情。

（8）处理好小组合作学习与其他学习形式的关系。首先，小组合作学习只是合作学习的主要形式之一，还有其他形式合作学习，选择哪一种合作学习方式应根据教学的实际需要。其次，分小组学习并不一定就是小组合作学习，必须体现合作学习实质的学习方式才是真正的合作学习。再者，并不是所有学习内容都适合采用合作学习模式，需要根据教学目标、教学内容、时间安排以及学生人数等情况，把合作学习与其他教学模式有效地结合起来，才有利于提高课堂教学的效率。

3．优点与局限性

合作学习模式对于学生发展来说，主要有以下优点。

（1）能培养学生的合作精神。作为合作学习的小组共同体，要想使本组取得优异成绩，就必须精诚合作，将个人融入集体当中，一切以集体利益为出发点，尽职完成所担负角色的责任。合作学习的训练与熏陶，能够提高学生的合作意识和合作能力。

（2）能培养学生的交际能力。合作学习能强化学生之间的交往，增进学生之间的感情，促进学生交际能力的提高。同时，通过合作学习，学生还学会关怀和帮助他人，发现并承认他人的优点，正视他人的缺点，听取他人的不同意见。

（3）能培养学生的创新精神。在合作学习的过程中，由于组员构成多样，学生往往会出现一些新的视角，提出预想不到的问题，碰到意料之外的困难。为解决这些问题和困难，学生需要充分发挥创新型思维，尝试各种解决方法，向着学习目标迈进。

（4）能培养学生的竞争意识。合作学习是组内合作，组间竞争。此过程不仅培养了学生的合作精神，同时也培养了学生的竞争意识。这对学生未来进入充满竞争的社会大环境，无疑是大有裨益的。

（5）能培养学生的平等意识。在合作学习中采用异质分组方式，同一小组的组员存在学习能力、学习兴趣、性别、性格等差异。为了完成共同的目标，每个组员既有分工，也有合作，在认真履行各自职责的同时，组员之间还要互帮互助、相互激励。这样，有利于形成平等、民主的同学关系。

(6) 能激励学生主动学习。合作学习是由学生合作解决问题的学习方式，教师不再是单向的知识传授者。在合作学习的过程中，学生由旁观者变成了参与者。在合作讨论中，学生或多或少都会得出一些结论。由于这些结论是学生主动参与获得的学习成果，会给学生留下深刻的印象，从而激励学生更加积极主动地学习。

任何一种教学模式都既有优点，也有不足，合作学习模式也不例外，归纳起来主要有以下局限性。

(1) 不容易解决学生差异的矛盾。不同的学生学习同一材料的速度存在差异，一些能力差的学生往往跟不上小组的速度，或者对学习内容囫囵吞枣，不能真正掌握学习内容。若追求小组成员均衡发展，就不得不放慢学习速度甚至暂停小组学习，以便辅导差生，这必将影响整体学习进度，甚至影响能力强的学生的学习积极性。

(2) 可能出现“小权威”。由于学生存在差异性，小组内很容易出现能力强的学生控制小组的局面，这违背了全组成员平等参与的原则。一方面，“小权威”可能包办所有任务角色，认为自己的想法就是小组的想法；另一方面，能力较弱、性格内向的组员不敢或不愿意表达自己的想法，部分偷懒的学生可能坐享成果，不愿意动脑筋。

(3) 不是所有学生都适合合作学习。不同的学生，其性格、文化背景、生活环境等都有所不同，合作学习不可能对每一个学生都是最佳的学习方式。一般来说，性格内向、胆小、害怕受到别人拒绝的学生，不适合小组合作学习。

(4) 不是所有学习内容都适合采用合作学习方式。一般来说，简单的知识、技能教学任务没有必要进行小组合作学习，要求发挥集体智慧和力量，具有讨论价值、能够形成认识冲突的学习内容才较适合采用合作学习。

(七) 发现学习

发现学习是培养学生探索、发现知识为主要目标的一种教学模式。与接受学习相反，发现学习即在教师的组织和引导下，学生通过独立学习、独立思考，自行发现知识形成的步骤，从而获取知识、掌握原理并发展探究性思维。这里的发现，并不是指发现人类未知的事物，而是指学生发现事先不知道的概念、原理、规律等新知识。发现学习的教学目标是培养学生的探究性思维方法，其最根本的特点是由学生自行发现学习的主要内容。在布鲁纳的影响下，发现学习的方法曾在实际教学中以各种形式得以较广泛的采用。该教学模式曾因有利于优等生，与教育民主化、大众化的教育观念不符，遭到奥苏贝尔等教育学者的尖锐批评，因此在20世纪60年代中后期陷入低谷。20世纪80年代，传统教育因其机械性和低效率再次遭到批判。在建构主义教学理论的影响下，以学习者为中心，以问题解决为基础的教学思想再次成为众多教学改革模式的基本思路，发现学习也再次得到重视。

1．教学依据与教学基本程序

发现学习的历史十分悠久，古希腊苏格拉底的“产婆术”即包含发现学习的性质。当代发现学习模式的理论依据主要是美国教育心理学家布鲁纳提出的“发现学习”的教育思想。布鲁纳吸收了德国“格式塔”心理学的理论和瑞士儿童心理学家皮亚杰发展心理学的学说，并在批判继承美国教育心理学家杜威的实用主义教育思想的基础上，经过长期的研究和实践，逐渐形成发现学习的模式和理论。发现学习模式有四个基本特征。[1]

（1）强调学习过程。发现学习强调学习过程，而不是学习的结果。布鲁纳认为，教师的作用是要形成一种学生能够独立探究的情境，而不是提供现成的知识。教学的目的不是让学生记住教师和教科书上所陈述的内容，而是要培养学生发现知识的能力，培养学生卓越的智力，让学生自己去思考，亲自参与所学知识的体系建构。布鲁纳认为，只有学生自己亲自发现的知识才是真正属于学生自己的东西，所以学生不应是消极、被动的知识接受者，而应是积极、主动的知识探究者。

（2）强调直觉思维。所谓“直觉思维”，就是要求学生在学习过程中不要用正常逻辑思维的方式，而是运用丰富的想象，采取跃进、越级和走捷径的方式进行思维，发展思维空间，去获取知识。布鲁纳认为，直觉思维的本质是映像或图像性的，因此教师在教学中不宜过早语言化，而应在

---

[1] 施良方．学习论［M］．北京：人民教育出版社，1994.

学生的探究过程中帮助学生形成丰富的想象；运用直觉思维不一定能获得正确答案，但是能充分调动学生积极的思维活动，对学生发现知识和掌握知识大有帮助。

（3）强调内在动机。布鲁纳认为，在学习过程中，发现学习有利于激励学生的好奇心，而学生容易受好奇心的驱使，促使学生对探究未知的结果表现出兴趣。布鲁纳认为，好奇心是学生内在动机的原型，外部动机必须转化为内在动机才能起作用。布鲁纳反对运用外在的、强制性的手段来刺激学生的学习，强调教师应尽可能激发学生的学习兴趣，充分调动学生的学习积极性，这样才能取得良好的学习效果。

（4）强调信息提取。布鲁纳认为，人类记忆的首要问题不是对信息的贮存，而是对信息的提取。提取信息的关键在于如何组织信息、知道信息贮存在哪里和怎样才能提取信息。布鲁纳认为，按照自己兴趣和认知结构组织起来的材料是最有希望在记忆中自由出入的材料。因此，记忆的过程也是解决问题和发现知识的过程。

发现学习模式的基本教学程序是：创设问题情境—提出假说—完善及验证假说—得出结论—巩固深化。

在教学过程中，教师首先需要创设问题情境，提供有助于形成概括性结论的实例并提出学生感兴趣的问题，引导学生观察特点，使学生在此情境中产生矛盾，逐步把学生的注意力集中于某个中心点，从而提出需要解决的问题。接着引导学生根据教师和教材提供的相关材料，通过分析、比较、信息转换等对问题的解答提出假说或推测。之后，引导学生深入思考、讨论，从理论和实践上检验、补充、修改和完善假说，并以事实为论据验证假说。在此过程中，教师需要引导学生分析思维过程，厘清并记住此过程中自己的思考方法，并让学生总结思考和讨论的内容，得出最终的结论，使问题得以解决。学生在此过程中就获得了新知识，同时也学到了解决问题的思考方法。最后，为了巩固和深化学生获得的新知识，还需要引导学生将新知识纳入到自己的认知结构中，并用于新的问题情境当中，形成迁移能力。

2．实施条件

新知识的最初发现不仅需要漫长的时间，还需要发现者具有相应背景知识的积累和正确的发现方法。如果完全照搬新知识的发现过程，让学生进行再发现，必然导致教学效率低下，无法取得理想的教学效果。为此，在采用发现学习模式时，必须运用适当的教学策略以提高发现学习的效率。

（1）选择适合的教学内容。任何教学模式都不是万能的，发现学习模式也有其局限性。最适合开展发现学习活动的是能够引出多种假设，并能够明确地展开逻辑分析和判断的教学内容。因此，即使是同一学科，也不是所有教学内容都适合应用发现学习模式。就日语学科而言，一般来说，在开展词语教学、语法教学时，比较容易开展发现学习活动。通过创设多种情境，让学生推测、发现、判断目标词语或语法项目的意义和用法，并尝试实际应用以验证判断和深化认知。但是，对日语中的假名发音、单词声调、词语书写，以及篇章中人物情感变化等教学内容则通常难以开展发现学习活动。此外，发现学习需要学生具有相当的知识经验和一定的思维发展水平，并不是在学生的任何发展阶段都适用。因此，在选择教学内容时，既要考虑是否适合运用发现学习的方法获得知识，也要考虑学生是否具有相应的背景知识和思维发展水平。

（2）优化教学内容，精简发现过程。对发现难度大的知识，可以通过缩小范围、增加提示等方式降低难度，使学生通过努力能够完成。不要求学生再现原先的知识发现全过程，精简原先发现过程中的岔道和可能性，从而缩短发现学习的时间，提高发现学习的效率。

（3）充分激发学生的好奇心和自信心。教师首先需要创设能引起学生兴趣的问题情境，从而激发学生的好奇心。好奇心是激发学生内在动机的源泉，能够驱使学生主动、积极地投入到发现探索活动中去。当学生在探索过程中遇到困难或感到迷茫时，教师应及时给予鼓励，让学生相信自己能够取得成功。

（4）引导学生走出困境。当学生遇到难以解决的困难，陷入困境时，教师要及时提供帮助和指导，引导学生寻找新知识与已有知识结构的联系。

（5）培养学生解决问题的能力。在教学过程中，教师需要培养学生运用已有知识进行分析、比较、推理、验证等解决问题的能力；培养学生的探究精神，使学生掌握科学发现的方法本身也是发现学习的重要教学目标。

此外，发现学习与接受学习相反，二者在性质、过程、作用方面各不相同，但二者在学习实践中各有优劣。因此，可以扬长避短，综合应用两种教学模式。在实际教学中需要注意：第一，以意义学习理论为指导。第二，以接受为主，发现为辅，互相补充。接受学习对学生获得系统的科学知识来说，是经济实惠的主要途径，但不是唯一途径，还需要发现学习等其他方式作为辅助教学手段。第三，根据具体条件灵活应用。必须根据教学内容、学生心理发展特点等具体情况灵活应用发现学习和接受学习，这样才能收到预期的教学效果。

3. 优点与局限性

发现学习模式的优点主要包括以下几个方面。

（1）有利于智力的发展。发现的实质是对现象进行重新组织或转换，使之超越现实，从而获得新的知识。而这个过程由学生自己去完成，促使学生发挥智慧潜力，思考以最佳方式获得解决问题的办法。

（2）有利于激发内在动机。通过发现学习，学生不仅能获得新知识，还能体会到发现的成功和乐趣，从而获得自我奖赏的内部动力，并将外部动机转化为内部动机，提高学习的自觉性。

（3）有利于掌握发现的方法和探究的方式。学生通过解决问题的练习和发现新知识的过程，不断思考并学会发现的科学方法和探究方式。这种方式方法具有迁移价值，能够有效解决各种问题以及进行科学探索。

（4）有利于记忆的保持。记忆的主要表现在提取信息，提取信息的关键在组织信息。学生亲自发现并组织到认知结构中去的信息是最易于提取的，这种再生能力强的记忆信息比较容易长期保持下去。

但是，发现学习模式也有其局限性。如果不顾知识的特点、内容的深浅、学生背景知识和教学策略等，无限推广运用是行不通的。发现学习的局限性主要表现在如下几个方面。

（1）通过发现学习掌握新知识，时间长、效率低。

（2）适用范围有限。

（3）发现学习要求学生具备相应的内部动机和背景知识，并提出有效的假设，否则发现就会变成碰运气，而非真正意义上的“发现”。

（4）学生不能单凭发现学习模式来学习知识。

二、我国日语教学模式的演变及发展趋势

教学模式是教学活动的基本结构，教师在教学活动中都会自觉不自觉地按照一定的教学模式进行教学。由于教学模式是教学理论或教学思想的具体化，而不同历史时期、不同研究者所提出的教学理论或教学思想有所不同，甚至相互对立，相应地所形成的教学模式也各不相同。了解我国日语教学模式的历史发展脉络，既有助于日语教师借鉴传统，加深对当代各种新教学模式的理解，也有助于把握日语教学模式的发展趋势。

（一）我国日语教学模式的演变

我国日语教学模式与当代我国各个时期教学模式的发展和演变是统一的，并未独立发展出专属于日语学科的教学模式。日语教师在教学过程中，会根据日语学科特点和教学内容选择教学模式，并进行相应的调整。因此，我国当代教学模式的发展演变过程，也就是我国日语教学模式的发展演变过程。

新中国成立后直到20世纪70年代末，苏联教育家凯洛夫提出的“五环节”教学模式，可以说是我国课堂教学的标准教学模式，其基本教学程序是：组织教学—复习旧课—讲授新课—巩固新课—布置作业。该模式源于德国教育家赫尔巴特提出的明了—联合—系统—方法“四阶段”教学模式，是“传授式”教学模式的典型代表。凯洛夫教学模式忽视学生在学习中的主体地位，片面强调知识的传授，压抑和阻碍了学生的个性发展，因此从20世纪70年代开始，该模式不断受到教学改革新形势的冲击。

20世纪70年代末，美国教育心理学家布鲁纳倡导的“发现学习”传入我国，在我国教育界产生了很大影响，但学生在“发现学习”中存在较大盲目性，教学效率不高，导致该模式未能得到较大规模的推广。我国教育工作者在“发现学习”的基础上，吸收了苏联教育家赞科夫的“教学与发展”理论，并结合我国的实际情况创造性地提出了“引导发现法”教学模式。这一模式的基本教学程序是：准备—初探—交流—总结—运用。“准备”就是在正式进入发现过程前，让学生清楚认识探索的目标、意义、途径和方法，并且产生“发现”的内在动力，做好探索的物质和精神准

备；“初探”就是学生根据教师提出的目标和途径，通过阅读、观察、思考等主动概括出规律、法则，寻求问题的答案；“交流”就是在教师的组织下，学生交流初探的成果和心得体会，并对一些存疑的问题进行深入的讨论；“总结”就是学生根据所要探索的问题，把“初探”和“交流”中获得的知识、结论进行归纳整理，使知识系统化；“运用”就是通过一系列的口头或书面练习，让学生完成有一定难度的任务，引导学生验证所发现的规律、法则，巩固获得的知识，进而将知识应用于解决实际问题，使学生初步获得知识迁移的能力。

20 世纪 80 年代初，我国在教学改革中倡导“双基”教学和素质教育。一些教育工作者提出“学导式”教学模式。这一模式强调自主学习、先学后导、异步学习，即先让学生自学，然后教师有针对性地进行指导，每个学生的进步可以不同步。“学导式”教学模式的基本教学程序是：自学—解疑—精讲—演练。“自学”包括预习、导入新课、自学提示、学生自学等；“解疑”包括提出问题、查阅资料、讨论交流、教师辅导等；“精讲”即教师有针对性地重点提示、讲解或示范；“演练”即让学生实际操练，包括基本演练、综合演练、排除疑惑三个层次。

20 世纪 90 年代，美国教育心理学家斯莱文等学者倡导的合作学习模式在我国开始兴起受到重视，尤其是小组合作学习得到广泛推广。在教学过程中，教师指导与小组互助合作相结合，师生之间、生生之间有更多交流讨论、沟通思想与情感的机会。这种教学模式不仅培养学生解决问题的能力，还培养了学生的参与意识与合作精神。

21 世纪伊始，我国实施新课程改革，活动探究、自主学习受到重点关注，并强调学习内容的真实性，应当“有意义地学习”。在教育部制定的日语课程标准中明确提出“倡导活动教学，鼓励实际应用”“……（日语课程）是学生在教师指导下自己建构知识的过程。教学活动的设计……注重学生的个体差异，帮助学生在学习活动中发展个性，促进学生自主学习”“优化学习方式，促进自主学习”“重视发挥学生的想象力和创造力，倡导和鼓励探究式学习”等课程理念。与这些课程理念相对应的活动教学模式可以说是合作学习，尤其是小组合作学习的延续和发展。活动教学的特点是自主、尝试、合作、创造，要求在教学过程中尽可能地把语言知识、语言技能、文化素养融入活动教学之中，同时在活动过程中培养学生的情感态度和学习策略，共同构成日语教学过程的有机整体。随着国内外教学研究的发展和我国课程改革的不断深化，日语课程除了继续提倡合作学习、探究式学习等强调自我建构知识、发展个性的教学模式，还倡导“重视语言学习的真实性和实践性”的情境教学和交际教学，提出“日语课程精选贴近学生生活、反映社会现实的教学内容，创设接近实际的学习环境，通过围绕话题完成交际性任务等方式开展多种教学活动，使学生有机会感知和体验真实的日语，鼓励学生在课内外以及对外交流活动中积极运用日语”“教师要组织学生围绕话题完成交际性任务，引导学生关注文化因素在交际中的作用，使学生充分发挥想象力和创造力，通过思考、调查、讨论、交流和合作等方式解决交际中存在的实际问题，发展初步的综合语言运用能力”。

（二）我国日语教学模式的发展趋势

从我国当代日语教学模式的演变历程来看，可以总结出以下特点和发展趋势。

1. 从归纳走向演绎

新中国成立后较长时期主导我国教学领域的凯洛夫教学模式，以及 20 世纪 80 年代形成的“学导式”教学模式，都是在教学实践中采用归纳法建立起来的教学模式。凯洛夫模式源于赫尔巴特基于教学实践经验总结提炼出来的“四阶段”教学模式，而“学导式”模式则是我国教育工作者基于“双基”教学和素质教育的要求，从教学实践经验中摸索总结出来的一套教学模式。归纳型教学模式源于教学实践，是对经验的总结归纳，体系性较弱，带有一定的不确定性。由 20 世纪 70 年代末传入我国的“发现学习”发展而来的“引导发现法”，以及 20 世纪 90 年代在我国开始兴起的小组合作学习，乃至 21 世纪初流行起来的自主学习、探究式学习、活动教学、情境教学等，都是基于多种教学理论发展而来，属于演绎型教学模式。这些教学模式的理论基础主要包括认知结构理论、建构主义学习理论、有意义学习理论、元认知理论、活动心理学等心理学理论，终身学习、主体性教育、人本主义教育等教育学理论，甚至包括科学技术、哲学研究、社会发展等方面的理论研究成果。演绎型教学模式依据科学的理论研究成果为基础发展而来，具有较强的体系性和确定性。

2. 从单一主导走向百花齐放

20世纪70年代末我国开始实施教育改革以前，凯洛夫的“五环节”教学模式是我国教学界的标准模式，全国基本上没有其他任何有影响力的教学模式。1978年后，我国开始实施教育改革，重视“双基”教学和素质教育。同时由于国际政治环境的变化，欧美国家的教学观念和教学理论不断传入我国，对我国的教学研究产生了巨大影响。在此背景下我国的教学模式的发展逐渐呈现出繁荣景象。由国外传入我国的“发现学习”“合作学习”“自主学习”“有意义学习”，以及我国教育工作者研究发展出来的“引导发现法”“学导式”“活动教学”等教学模式纷纷登场，使我国现今的教学领域呈现出百花齐放、百家争鸣的繁荣景象。

3. 从“尊师重教”走向“尊生重学”

传统的教学模式注重知识的传授，强调教师的“教”，教师在教学活动中居于主导、支配地位，所有教学环节都围绕教师如何教来设计和展开，学生在教学活动中居于从属和被动接受的地位。随着人本主义、终身学习、认知结构理论、建构主义学习理论等教育思想和教学理论越来越获得人们的接受和认可，同时随着社会科学技术的发展，社会需求不断更新，可供学生利用的课程资源越来越丰富，传统的教学模式已经不能完全满足社会的需要，新的教学模式不断涌现。新的教学模式的共同特点之一，就是在重视教师引导作用的同时强调学生的“学”，尊重学生的学习主体性，重视学生的个体发展，注重培养学生主动学习、终身学习的能力，发展学生的创新思维和创造能力。“……改变以教师为中心、以传授书本知识为目的的单一教学模式，从知识的传授者转变为学生学习的促进者、指导者、组织者、帮助者、参与者和合作者，使教学过程成为教师与学生交流的互动过程。”❶

4. 从智力发展走向综合发展

传统的教学模式注重知识的传授，通过“满堂灌”“填鸭式”的教学方式希望学生能够“学会”大量的知识，目的是充分发展学生的智力。传统的日语教学模式培养的学生尽管在日语知识的系统性方面具有较强优

---

❶ 中华人民共和国教育部义务教育日语课程标准（2011年版）［M］. 北京：北京师范大学出版社，2012.

势，但是在口语交际、书面写作等反映学生应用能力、创新思维和创造能力方面的优势严重不足，“高分低能”现象严重。而且，传统教学模式培养的学生缺少个性特色，往往呈现“千人一面”的情况。

新的教学模式把学生看作知、情、意、行的统一体，强调学生为学习的主体，注重调动和发挥学生的主动性、积极性和创造性。在教学过程中，不仅强调获得知识、发展智力，还注重培养学生的实际应用能力和情感态度、学习策略等非智力因素，从而促进学生逐步形成日语综合运用能力。无论是发现学习、探究式学习，还是合作学习、活动教学等日语教学模式，都体现了促进学生综合发展的教学理念。

5. 从面向多学科走向针对日语单一学科

从传统的“传授式”教学模式到当前流行的各种教学模式，绝大多数是针对多学科乃至全学科的教学模式，针对特定学科的教学模式的研究严重不足。教师在实际教学中，不能直接利用针对多学科的教学模式，只能根据本学科的性质和教学特点加以修改、变通。然而，随着社会和科学技术的发展，学科类别日益分化，同时边缘学科和综合课程又在不断产生。如前所述，由于各学科属性不同，甚至存在巨大差异。这就决定了属性不同的学科在教学目标、教学过程、教学策略等方面有所不同。我们认为，任何一种教学模式既不可能对所有学科都同等有效，也不可能培养学生所有的能力和素质。因此，有必要基于日语学科的教学需求，研究出针对性强、效率高的日语学科教学模式。在日语教学活动中，选用有针对性的日语学科教学模式，不仅有助于培养学生日语学科的核心素养，更有助于学生有个性地发展，从而达到促进学生全面发展的教学目标。

6. 从校园走向社会

传统教学模式的教学条件大多拘泥于班级或学校，极少考虑和利用社会化的课程资源。随着教学理论的更新和科学技术的发展，人们不再把教学活动限定在校园内，而是越来越重视利用社会化的课程资源。这些资源既包括面向社会普通人的图书馆、博物馆等文化设施，也包括城市景观、野外环境等，还包括互联网、移动终端等科学技术的成果。因此，如何充分利用社会化课程资源构建新型的日语教学模式，既是当前我国社会发展的必然要求，也是推动我国日语教学研究和教学发展的现实需要。

第三章　日语专业混合式培养模式探究

自21世纪初出现混合式教学概念之后，国内外学者对混合式教学有多种定义，总结起来不外乎两种，一种是广义上的概念，认为混合式教学是将多种学习理论、教学媒体、教学模式等进行混合，以此取得最优的教学效果。另外一种是狭义上的概念，认为混合式教学就是面对面教学和在线学习的混合。混合式教学概念的多样性，使得混合式教学的内涵和研究内容泛化，导致大家对混合式教学存在理解上的模糊性，限制了混合式教学理念和模式在实践中的应用。混合式教学概念的多样性，内涵的模糊性问题已经引起学者们的重视。

第一节　混合式培养模式的概念与理论体系

一、混合式教学的概念

美国印第安纳大学 Curtis J. Bonk（2009）在接受《中国电化教育》杂志社采访时再次表示：混合式教学是教育领域的一个专业概念，把混合式教学界定在面对面教学与在线学习的结合这样一个范围内是恰当的，并且提出应该关注如何使混合式教学更有效。

然而，围绕面对面和在线学习所占课程内容和学时的比例不同，学者的不同意见又再次让混合式教学的定义出现歧义。例如，有学者认为，在线内容（网络技术）所占比例为30%～79%的称为混合式教学，低于30%的称为网络辅助教学，高于80%的称为在线教学（Means M. 2013）。也有学者认为混合式教学里面授课时至少为50%。还有学者则认为，只要应用网络教学平台辅助于课堂教学的，都是混合式教学。从课程内容和学时比例的角度界定混合式教学，方法上“僵硬”，不仅形式上与网络辅助教学容易混淆、引起歧义，而且在内涵上偏离了“融合”和“有效”两个基本要求。让各种要素不只是物理上“混搭”在一起，而是化学上“融合”在一起，取得最优化的深度学习效果，才是混合式教学的真谛。

因此，为了避免混合式教学在概念上泛化，让混合式教学更易于理解和更具可操作性，本研究总结出了“面授和在线学习相结合”在三个发展阶段的主要特征如下。

第一阶段：资源建设

教师需要将课程简介、教师信息、课程标准、教学日历、考核办法授课教案、参考资料等教学基本信息和主要教学材料“S”到网络教学空间。

第二阶段：网络辅助

教师在共享教学资源的同时，需要“用”网络教学空间发布课程通知、开展学情调查、布置和批改作业、组织网上讨论和答疑、完善试题库和组织在线测试等。

第三阶段：混合式教学

教师在利用网络学习空间的基础上，需要转“变”教学模式。课程组教师开展协同备课、授课，形成课程建设合力；灵活运用翻转式、探究式、讨论式、协作式等教学方式，形成具有一定特色的课程信息化教学模式。

同时，根据特征描述，把混合式教学界定为：把面对面教学和在线学习两种方式有机融合在一起，能够从根本上改变课堂教学结构，并体现以“学生为中心”的一种现代化的教学模式。

二、混合式教学的有效性

（一）有效教学

有效教学的理念源于20世纪20年代美国教育界对教学科学属性的强烈追求。20世纪上半叶，随着心理学、行为科学及实用主义哲学等不断发展，人们开始以科学的视角来看待教学，提出教学本身也是科学，对教学的研究可以采取科学的方法。于是越来越多的研究者开始采用实验、计量等方法来研究教学问题，有效教学的概念从此出现在教育研究领域，到20世纪60年代，已经发展成为一种新的教学理论。英国学者基里亚科（Kyriacou，1986）认为，大学有效教学就是能够激发学生学习动机，促进学生积极掌握知识、开展团队协作以及解决问题，培养批判性思维和终身学习态度的教学。姚利民认为有效教学是教学投入不变而教学效果最好的教学。崔允漷（2005）认为有效教学是学生在知识、能力、素质三个方面得到全面和充分发展的教学。龙宝新和陈晓端（2005）认为有效教学是把教师的专业素养与学生活动和课程资源实现动态转化的过程。虽然国内外学者对有效教学的理解是仁者见仁，智者见智，但是通过讨论，不难得出比较一致的观点，即在界定大学有效教学的概念时应包括以下几个方面的内容：第一，要有预设的教育教学目标；第二，需要经过系统化教学设计；第三，要追求教学效果；第四，要重视学生主动性和自主性；第五，能促进学生团队合作、解决问题以及加强批判性思维。鉴于以上分析，本研究对有效教学的概念界定为：教师在一定的教学投入下，通过创设适宜的教学环境和灵活的教学模式，从而营造出和谐的师生关系，并激发出学生的学习主动性，提高学生自学、协作和解决问题的能力，最终能够达到教学目标。有效教学应包含以下特征：教学内容熟练；有明确的学习目标和有高度的挑战；有效的师生交流，给予学生迅速和适当的反馈；融洽的师生关系；灵活有效的教学方法；激发学习主动性，培养学生自主学习能力。

（二）混合式教学的有效性评价

所谓评价，就是评定价值的高低，是评价主体依据一定的评价标准，通过系统的调查分析，对评价客体的优缺点和价值进行描述、比较和做出判断的认知过程和决策过程。何谓“教学评价”？泰勒认为，教学评价就是把实际表现与理想教育目标相比较的过程，即“通过系统收集信息，判断实际教学活动是否达到预设目标的程度”（杨若凡，2008）。美国教育评价标准联合委员会认为，教学评价就是“通过系统调查教学目标和教学的优缺点，做出价值判断，从而为教育决策提供依据的过程”（程光旭等，

2009)。中国学者程书肖（2004）认为，教学评价就是对教学工作质量所做的测量、分析和评定，包括对学生学业成绩的评价、对教师教学质量的评价和课程评价。根据对“混合式教学”“有效教学”“评价”和“教学评价”概念的理解，本研究对混合式教学有效性评价的概念界定为：评价主体按照混合式教学的目标，依据有效教学的原则和标准，系统性采集教学活动信息，通过定量和定性的方法，对教师的混合式课程，教学过程、学生的学习过程和效果进行测量和描述，分析混合式教学的优缺点，并做出价值判断的过程。

三、混合式教学的理论基础

（一）李秉德七要素教学论

李秉德教授（2001 年）的研究团队基于对教学现象的系统分析，提出“七要素”教学论。这七要素分别是：学生、目的、课程、方法、环境、反馈、教师。该理论认为“教学的最终任务是达到教学目的，这要从学生身上体现；为达到目的，必须通过课程和方法作为中介；是否达成或达到什么程度，需要从学生的反馈信息来判断；在整个教学过程中，环境都会对师生产生影响，同样师生也可以反作用于环境；所有一切教学活动，教师起着主导作用”。

“七要素”教学论对本研究有重要指导意义。第一，帮助本研究用教学系统论指导建立混合式教学有效性评价指标的维度。第二，教师要重视教学目的（目标）的设计，评价要突出对教学目的（目标）达到程度的测评。第三，评价要同时注重师生在课堂实体教学环境和网络虚拟教学环境中的行为。第四，混合式教学要回归教学本质，其有效性因素都要对应于“七要素”。

（二）布卢姆有效教学理论

“教育目标分类学”“教学测评理论”和“掌握学习理论”构成了布卢姆（Benjamin Bloom）有效教学理论的核心思想。他在《教育目标分类学·认知领域》一书中提出“教学是一项有目的的理性行为，因此，在教学中，目标尤为重要”“教学环境和教学活动都应该与设计的目标一致，或者相符合”。布卢姆的“教学测评理论”与教育目标分类紧密相连，提出了集中性测评、分布性测评、形成性测评与终结性测评的新概念，并强调“目标、教学、测评彼此相符的一致性”。同时，其“掌握学习理论”认为只要给学生提供恰当的材料、充分的时间和恰当的帮助，那么所有学生都能达到掌握学习的目标（安德森，2014 年）。布卢姆的有效教学理论对本研究的作用主要体现在三个方面。第一，用于指导和支撑教师开展混合式教学课程设计。第二，重视教学目标的设计和测评，提出教学目标要有可测量性。第三，混合式教学过程中，要注重教学材料的丰富性，教师指导和反馈的及时性与恰当性。

（三）交往—发展性教学评价理论

交往—发展性教学评价理论是在传统以行为目标为导向的教学评价的基础上形成的一种评价思想、制度和模式，其核心思想认为“评价是评价者与被评价者之间心理建构的过程”（程光旭，2009 年）。该理论既广泛借鉴了管理学中的系统工程管理、绩效管理、量化管理等理论与方法，使评价逐步科学化，同时又强调以人文精神为导向，注重评价主体和客体之间对话和沟通，提倡“价值多元化”（田汉族，2002 年；郑延福，2012 年）。交往—发展性教学评价理论对本研究的作用包括五个方面。第一，构建混合式教学有效性评价指标时，需要与被评价的教师保持动态交往，相互沟通，充分交流，彼此理解，改善评价者和被评价者关系。第二，构建评价指标和标准需要借用多元智力，评价标准是多元的，评价方式也是多元的。第三，评价的价值导向和评价标准要有利于师生的自我教育和终身教育。第四，评价要有利于反映混合式教学的整体状况和个性特色。第五，评价标准和方式要注重绩效和量化，评价结果能为教学管理与教育决策提供直接依据（任艳红，2011）。

（四）研究性学习理论

林健（2013）认为，研究性学习是“学生在教师的指导下，主动地发现、分析和解决问题的过程”，其本质是“以问题为导向，培养学生的问题意识”，其主要形式有基于问题的探究式学习、基于案例的讨论式学习和基于项目的参与式学习。研究性学习理论对本研究的指导意义有以下三个方面。其一，研究性学习内容的开放性，要求教师以专题、知识单元或知识模块的形式选择、组织和整合知识点。其二，研究性学习活动的互动性，要求教师在整个教学过程中，要强化老师和学生的交流，在课后，要充分利用网络学习平台内课程论坛、邮箱和即时性网络社交工具等，保证与学生的交流渠道畅通；在课堂上，要利用提问、研讨、辩论等，调动学生的学习积极性和主动性。其三，研究性学习方式的灵活性，要求混合式教学模式不是单一的、一成不变的，而是多元化和持续改进的。在线学习和课堂面授只是混合式教学的一个宏观描述，具体到一门课程，知识单元或者专题，教师应根据研究性教学的内容、要求和学生的特点，灵活选择教学组织形式。同样，学生要在教师的指导下，选择适合自己的有效学习方式。

（五）协作学习理论

协作学习的主要代表斯莱文（Slavin，1990）认为，协作学习是“一种课堂教学技术”“学生依靠小组的成绩获取奖励和认可”。程建钢（2016年）和刘玲（2010）等认为，协作学习需要“以小组或团队的形式，有共同的目标和激励机制”。林健（2013）提出协作学习是“小组内学生分工合作，小组之间相互促进和竞争”，目的是“形成自主学习、自由探索，相互协作的学习氛围”。协作学习理论对本研究的指导意义，表现在以下四个方面：其一，学生的团队协作能力，人际交往能力和表达展示自我的能力等应该成为混合式教学有效性体现。其二，小组学习是混合式教学中重要的学习活动组织形式。其三，小组协作要依托问题、案例、项目等进行。其四，网络学习空间是学生开展协作学习活动的必备环境之一。

四、混合式教学的有效性评价

（一）国外混合式教学有效性评价

1. 有效教学的评价标准研究

美国跨州新教师评估与支持协会（INTASC）从核心知识、技能和教学设计的部署上对教师教学标准做了界定，分别是：教师熟悉教学科目内容，并能够通过教学活动让它们变成对学生有意义的东西。学习内容和教学活动适合学生的发展，既有挑战性又能够达到。能够理解学生学习方法上的差异性，并创造机会去适应不同的学习者。能够使用各种教学策略，以便保持学生的兴趣，能够创建一个鼓励积极互动、主动参与学习和自我激励的学习环境，能够使用交流技巧去培养积极的质询、合作和支持性的互动，能够在学科内容、学生，社区和课程目标的基础上设计教学。能够理解并使用正式和非正式的评估策略。能够对教学进行反思。能够和更大的社区范围内的同事、家长和机构之间培养良好的关系（Janice Skowron，2009）。英国对教师卓越教学奖的评选准则有：有效的交流、定期的和有用的学习反馈、浓厚的兴趣、善于激励学生思考、能提出挑战性任务、符合学生实际水平的评估方法、乐于帮助学生。另外一项国际教育研究提炼出有效教学的5条评价标准：创造性学习活动、发展学习者的语言素养、教学联系实际生活、培养复杂思维能力，对话式教学。国际经济合作与发展组织（OECD）认为教师教学有效性至少应考虑5个方面的因素：①所掌握的实际课程领域的知识；②教学法的技能；③教学反思的能力与自我批评能力以及专业化的品质；④移情能力与尊重他人的品德；⑤教学管理的能力（Turner，2001）。

肯·贝恩（Ken Bain，2011）教授被誉为美国最好的老师之一，他从“如何成为卓越大学教师”的角度，提出了6个结论：①杰出的教师非常了解他们所教的科目；②卓越的教师把讲课等各种教学行为视为严肃的智力活动；③最优秀的老师对学生的期待避免采用跟课程随意相连的目标，而是喜欢那些贴近生活的思想和行为目标；④最优秀的教师努力创造“自然的批判性的学习环境”；⑤有巨大影响力的老师会对学生产生强烈的信任；⑥优秀教师对学生的评定是依据主要学习目标做出的，避免使用随意的标准对学生做出评定。有效教学的代表人物，美国得克萨斯大学教育学院教授加里·鲍里奇（2012）在《有效教学方法》一书中，给出了判断一节课效果的7个维度：流畅的课堂（班级管理）、温暖的学习氛围（课堂氛围）、明确的任务导向（教学策略）、学生的积极投入（学生参与）、多样的教学方法、学生的学习成就、单元知识结构（教学内容）。

2. 混合式教学有效性研究

Means教授（2013）的研究团队对12个混合式教学实例做了分析，研究结果显示合作学习和教师指导比自定进度的自主学习更有效。“在没有教师监督时，学生容易放弃努力”（Morton，2002），“教师的即时性和现场性可以提升学生的学习动机”（Credence，2010）。Bernard（2014）等研究发现混合式教学中师生之间、学生之间、学生和内容之间三种互动同时出现或者两种类型同时出现，比单纯一种互动更加有效；同步交流和非同步交流相结合，在线交流与面对面交流相结合，都比单纯一种交流方式有效。尽管大部分研究表明，混合式教学的有效性比单一的在线和面授都好，但是也有学者认为混合式教学的构成因素非常复杂。由于研究缺乏对复杂因素变量的数据控制，所以，现有证据不足以说明有效性问题，具体的因果关系也难以确定。美国教育部 2009 年在其发布的混合式教学的评估报告中归纳了 16 类 43 个变量，探索学习效果和变量之间的关系。这 16 类 43 个变量可以认为既是构建混合式教学效果评价体系的比较完整的内容要素，也可以由此判断各个要素在评价体系中的重要度，这对于确定各指标的权重系数具有参考价值。

3. 国内混合式教学有效性评价

（1）有效教学的评价标准

吴艳茹和闫广芬（2009）以学生评教的结果作为研究资料，对有效教学开展了实证研究，结果发现“讲授重点突出，授课精彩不乏味以及因材施教、注重启发”是大学教师有效教学的关键特征。王淑芳等人（2005）构建的大学有效教学评估体系包括“教学理念、内容、方法、风格和心理效应”5 个方面的内容。章小辉和陈再萍（2006）运用多因素分析方法深入分析有效教学评价的指标体系结构，发现教学内容、总的效果，教学组织符合最优化教学评估目标，而教学表达、教学方法和教学态度未进入有效的维度。范蔚等人（2013）提出了“师生共进”的有效教学评价标准，包含 6 个维度（教学目标、内容、方法、环境、评价和效果）、13 个教师行为评价项目和 13 个学生行为评价项目。

（2）混合式教学的有效性评价研究

赵国栋（2010）以北京大学教学网为例对混合式教学的学生满意度及其影响因素进行了研究，通过学生特点、教师特点、课程特点、系统功能特点 4 个维度和 12 个变量构建了混合式教学学生满意度模型。2011 年，路兴、赵国栋等人又对混合式教学的教师接受度进行了研究，构建了一个包括技术特点、教师特点、课程特点、主观规范和服务品质5个维度的分析模型。高瑞利（2010）从知识与技能、方法与策略、情感与态度3个方面考虑构建了混合式教学评价体系，其中，一级指标被分为课堂学习和网络学习两个独立的部分，这种评价体系设计的不足之处是割裂了“课堂学习”和“在线学习”之间的关系，主观上还是把在线学习放在网络辅助的位置上，没有体现混合式教学的深度融合性。陈纯槿（2013）的研究发现混合式教学相比纯粹的网上学习和面对面学习更有效，并总结出有效的混合式教学的基本特征，即影响混合式教学的10项因素23个变量。王佳利（2013）建立了一个基于层次分析法（AHP）的网络辅助教学质量评价模型，并将其应用于THEOL网络教学平台中。该模型分为教学资源建设、常规交互使用新方法应用3个层次和12个二级指标。同样，这个模型也缺少对课堂教学效果的评价，没有体现出混合式教学的内涵。

（3）国内外混合式教学有效性评价

对比分析综合以上文献资料，可以发现，国外对有效教学评价标准的研究一直贯穿于后期对有效教学的研究过程，并且研究的主体多是具有行政职能，并能对政策产生导向性影响的团体和组织。从研究内容看，国外对评价标准的研究主要集中在有效教学的价值导向和可操作指标方面。例如，英国的卓越教学奖主要从学生学习和发展角度来评价教师教学，而国际经济合作与发展组织则第一次将学科知识和教师的教学反思能力放进了评价有效教学的标准之列。从研究方法看，国外对有效教学评价标准的研究大多采用实证研究的方法，通过课堂实例或者社会调查分析、总结出评价有效教学的标准。与国外相比，国内对有效教学评价标准研究的重视程度不高，不仅研究的成果少，且研究的主体多限于学者个人，缺少学校和机构层面的系统性研究。为了清晰地描述文献中的评价标准，本研究分别从国内外的有效教学评价标准中抽取“共识性指标”。词频≥2的指标恰好都为10项，这10项可以分别认为是国内外有效教学评价标准中的关键指标。以词频高低排序对二者进行对比，如图3-1-1所示。图中的连线，表示国内外在评价内容上存在相同之处。

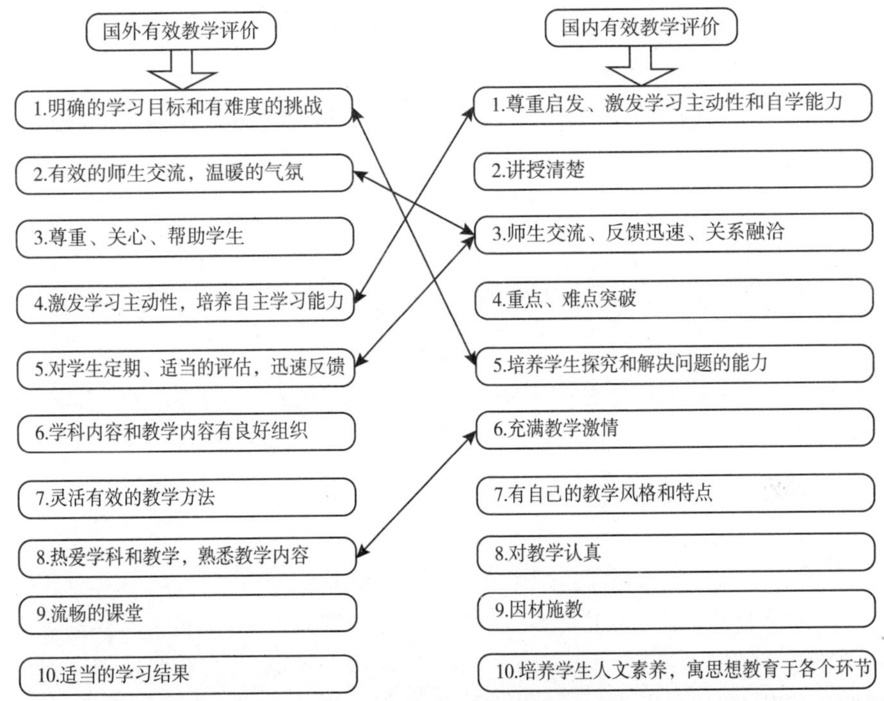

图 3-1-1　国内外有效教学评价内容对比图

综合文献研究可以发现，虽然与混合式教学效果评价相关的内容，如构成要素、相关性、师生满意度、网络辅助教学评价等，已经有一些研究，但是缺少针对性很强的关于混合式教学效果评价指标体系的专题研究。另外，有限的一些与混合式教学类似的评价指标体系，或者仅有网络辅助教学评价，缺少课堂评价，或者将网络学习评价和课堂学习评价割裂，并没有将课堂教学和在线学习两种形式的评价进行深度融合，更没有体现混合式教学的内涵。因此，现有研究存在的问题和不足为本文开展混合式教学有效性的研究留下了足够的空间。

第二节　混合式培养模式的发展背景与发展现状

一、混合式学习的发展

近 20 年间，对中西方国家的课堂而言，将科技引入课堂与面对面教学相协作以提升和拓展学生的学习体验已不再是一件新奇的做法了。此种理念和做法已经在各中小学课堂和企业培训机构普及开来。

（一）历史沿革

混合式学习是继网络学习之后兴起的又一教育方式的新理念。20 世纪 90 年代初网络学习（E-learning）以其低成本、高效率、不受时间和空间限制等优势蓬勃兴起，并在国际教育学界引发了对于是否能够用其替代传统教学方式的广泛争议和讨论，双方各执一词，此消波长。21 世纪初，随着网络学习进入低谷期，人们才意识到两种教育方式各有所长，虽不能互相替代，但可混合运用，取长补短。

“混合”一词最初指的是教学媒质的混合，即“面对面”与“远程”两种方式的混合。《混合学习手册》一书中，Bonk 和 Graham 将“混合式学习”一词定义为“将面对面教育形式和以计算机为介质的教育形式相结合的学习系统”。此种方式可以将同步的人际互动与非同步的信息交流技术相结合。2007 年颁布的斯隆联盟报告《混合：美国混合学习的程度和前景》以网络学习的不同比例为依据区分了四种课堂模式，并指出第三种才可以称为是真正的混合式学习模式。

0 网络学习：传统的面对面教学模式。

1%～29%的网络学习：以网络为辅助的教学模式，即以网络技术辅助面对面教学。例如，运用课程管理系统 CMS 或网页上传课程大纲和课堂任务。

30%～79%的网络学习：真正的混合式学习模式，即将网络传输和面对面传输相融合。例如，通过网络传送大部分课堂内容，同时还包括网络讨论和面对面会议等。

80%+的网络学习：网络或远程学习课程，即绝大部分课程是通过网络传送的。

混合式学习模式最早应用于西方企业培训领域，继而拓展到高等教育领域，涉及方面包括模式设计、资源优化、媒体选择等。国内对于混合学习概念的了解和研究始于2003年，在第七届全球华人计算机教育应用大会上，何克抗教授对其理念和应用前景进行了介绍和分析。自此，国内学术界相关研究成果日益丰富，其中最具代表性的是黄荣怀等学者（2006）依据三年多的理论研究和数学实践撰写的《混合式学习的理论与实践》一书。

随着混合式学习模式在更广阔的范围内拓展开来，越来越多的学者和教育者开始在教育实践领域进行深入而又系统的教学尝试，并逐渐体会到了这种模式所具有的优势。2015年在《华盛顿邮报》刊登的一篇名为《混合学习：伟大的新事物抑或伟大的新宣传》的文章指出："混合学习是教育的现在和未来，是现代学校教育改革的最主要特点之一，能够促进学习的个性化、教育的低成本和学生的高产出。"与此同时，对于此模式的分类依据也由简单的网络学习比例转变为授课内容和方式。Michael B Horn&Heather Staker（2011）在《K12混合学习的兴起》一文中将中小学的混合式学习模式分为六种。

①面授驱动型。教师传输大部分的课堂内容，网络学习发挥补充或修复的功能。例如，美国加州的Leadership Public School让西班牙语系学生坐在教室后方的电脑旁，利用网络提供的双语教科书辅助学生理解课堂内容。

②旋转型。学生围绕一个固定的课程安排学习，这个课程安排包括一对一的可由学生掌握进度的网络学习和教室中的传统面授学习。例如，在美国亚利桑那的Carpe Diem学院高中，每节课为55分钟。每门课的授课均包括两节课：—节王要以概念介绍为主题的网络学习课，和一节用以应用和强化概念的面对面实践课。实际上，翻转课堂是混合式学习的"旋转"模式，学生在家提前获取网络课程内容，然后到学校与教师面对面进行教学的过程。

③灵活型。这种模式以较完备的网络教学平台为基础，大部分课程教学都在平台上完成，教师提供必要的一对一辅导或小组讨论，这种方式具有较高的灵活型和适应性。例如，美国南部一家教育机构 Advance Path Academics 中的辍学帮扶学会，利用计算机实验室进行网络教学。必要时教师会在办公室的读写区或小组教学区对学生进行面授。

④网络实验室型。这是一种在实体实验室进行网络平台教学的模式。全部课程都通过网络学习完成，在线教师会对学习进程进行监控。例如，美国 Miami-Dade County Public Schools 采用了 Florida Virtual School Virtual Learning Labs 来缓解教师短缺的难题。学生们在传统教室中学习完整的网络课程，全程实时监控但没有教师面授环节。

⑤自我混合型。美国大部分高中的混合式学习模式部属于自我混合型，即学生可在任意时间选取一到多门的网络课程来补充常规的学校课程。建立这些网络课程的网络学校会为学生提供菜单式选择以辅助学生的自我混合式学习进程。例如，一位美国底特律的高二学生 Alison Johnson 在放学后会进行由密歇根虚拟学校提供的网络课程《AP 计算机科学课程》的在线学习。

⑥在线驱动型使用动态管理的网络平台提供课程的所有内容，从而实现虚拟的面对面指导过程。使用远程会议工具，如 Gotomeeting，教师可以在不同地点与学生个体和群体之间进行交谈。如果需要的话，教师和学生可以互相分享屏幕，或随时随地与学生分享链接，为学生在校外拓展学习提供更多选择。例如，创立于 2013 年底的 VIPKID 借助一对一的实时在线视频学习平台，把中国小学生和北美外教进行连接，随时随地通过网络上课，并在课程结束后提供及时反馈以及学生的成绩报告。

（二）混合式学习的两个问题

尽管国内外许多机构和课堂正在应用这些模式，但正如 Education Week 中的一篇文章《混合式学习的成效有限》指出的那样，几乎没有决定性的证据来证明混合式学习的效果（Sparks，2015）。笔者认为，产生此种现象的原因有两个。

首先，混合式学习在强调媒介混合、互动性学习体验的同时，忽略了对其他教育因素的考量。科技的发展激发了我们对于选择权、灵活性和个性化的进一步追求，所以学校和公司期望混合式学习的环境和系统能够更加提升效率，进而降低成本。众多学者一致认为以技术为中介的混合式学习模式可以将自定义学习系统和小组式面授教学结合起来，进而实现教育的个性化。这在经济发展放缓、学生数量增加、教师人数短缺的教育情境中是一种良好的解决方案。但这种模式缺乏具有复杂关系的环境，缺乏懂得学习既是一门艺术也是一门科学的教师，也缺乏师生互动和生生互动。同样，许多软件公司在自售自家的“自适应学习产品”时也大胆宣称“这些最好的个性化学习平台会给学生提供海量途径完成学业并取得良好效果”（Green，2013），但实际上，这些产品并没有能够通过个性化、标准化、线性的软件算法培养出具有弹性、创造力和同理心的公民，而是剥夺了人们建立良好人际关系的机会。

因此，2013 年美国教育部明确表示要集思广益，从个性化学习和以能力为基础的系统两方面入手，征集有效的想法和做法来提升混合式学习效果。美国的部分州（威斯康星州、得克萨斯州、犹他州、佛罗里达州、密歇根州和明尼苏达州）颁布的《新课程访问法规》在不限定司法管辖权、资质和地理位置的前提下，赋予个人讲授网络课程的权利（Dwinal，2015）。也就是说，任何人可以在任何时间和地点向任何学生开设任意课程。例如，Kl2 股份有限公司是美国最大的营利性网络教育供应商，其师生比达到 1∶275（Aaronson&’Connor，2012），其生产率是传统课堂的 2~3 倍（Olster，2013）。但严酷的现实表明私人网络学校关注充满自由度和选择性的混合学习模式，更关注用户流动率所带来的利润。

那么公立学校的混合式学习提升计划的效果如何呢？特许学校（Charter School）国火箭教育对一至五年级的小学生采用了一种旋转型混合学习模式，通过在线学习和课堂活动相结合的方式，为学校每年节省约 500000 美元的教师薪资成本（Dan Rer，2010）。具体做法是削减一半的教师数量，聘请薪资较低的成年人在计算机实验室监管进行在线学习的学生们。这种新型教工结构中，100 位学生配备一名教师和一至两名机房监管人员即可。为了加强监管力度，在线学习平台会实时记录学生每次互动的数据。该校前 CEO 约翰·丹纳（John Danner）认为随着软件质量的不断提升，学生在学校进行在线学习的时间比例会逐渐增加，可达到 50%。但是，如果仅以更加个性化的人机互动来定义混合式学习，减少教师数量，将学生们放到机房去花上半天时间进行读和写，那么实践者们可能正在假借混合学习模式的名义牺牲学生们的身心发展，这并不是我们想要的教育的未来。

其次，混合式学习缺乏理论内核的支撑。虽然混合式学习模式的概念浅显易懂，但是由于实际应用要复杂得多，因此，其实施方式在很大程度上决定了此模式对学习效果的促进作用。缺乏理论内核支撑，会导致指导原则和核心目标不明确，也无法衡量教育成果。因此，各类教育机构在实施混合式学习模式时，除了削减教师数量、让学生进行大规模网络在线学习、将在线课堂和面对面课堂进行翻转、建立课程网站、添加更多的数字化教学资源等形式上的改变之外，对于如何恰当运用信息技术与课堂相融合，使之与课程目标和数学环节紧密相连，以及如何将信息技术与其他各类教育环境因素顺畅衔接等问题均缺乏深入的考量。

因此，教育者们应先放缓脚步，对现有的实施个案进行思辨性审视，厘清这其中模糊的概念，明确教育的目标和实施原则。在信息技术与具有同理心、知识渊博、具有先进教学理念的教师之间找到平衡点，将学生视为享有权利的公民而非被动的消费者，将提升学生体验而非降低经济成本作为最终目的，把学生培养成为有思辨能力、创新能力、良好的交流和合作能力的未来人才，并合力创建一个文化多元、信息高度流通、民主、能够通过数字媒介进行连接的多样化社会。

二、新一代的混合式理念

混合式教育虽以混合式学习为出发点，但其内涵更为广泛和深刻。虽然混合式教育模式兼具传统面对面课堂以及网络在线课堂的优势，既实现了学习者的主体作用，又发挥了其创造性和主动性，但并不是多种教学方式的简单叠加，而是各种资源和方式的有机结合和相互借力。只有避开传统教学或者网络教学的典型陷阱，深入理解高阶学习环境、沟通特点、不同学科的要求以及学习资源，并意识到广泛的灵活设计的可能性和各种挑战，我们才能设计和实现混合式教育。混合式教育是重新设计教学模式的催化剂，既促使学生重新思考如何以深刻且有意义的方法学习，也迫使教育者们从根本上重新定义并重建教学关系。

混合式教育以可持续性教育话语和合作互动学习为核心，将最新的信息技术与现有的教学模式进行深度融合。不同于传统的“混合式学习”概念，混合式教育不是仅仅涉及教学媒介的混合，而是以协作式建构理论为基础，以探究共同体理论为框架，在教育理念、教学方式、教学策略等多个维度进行混合。在秉承高等教育价值体系和信念的前提下，通过“触发事件—探究—融合—解决”四个阶段激发促进学生主动参与其中，为其提供高质量学习体验以提高其认知能力和创新能力。同时，混合式教育模式通过综合课堂学习、在线学习、移动学习等方式的优势，将线上线下、课内课外、共时异时、线性非线性、文本超文本、个体与团体、现实世界与虚拟世界等各维度以灵活的方式结合在一起，将学习情境多样化，达到1+1>2的效果，为实现深入而有意义的学习体验、认知能力和情感特质的发展以及定制性智能教育提供支持。

21世纪初，众多学者通过自身的研究证实了这三个因素的存在，并将研究向前推进一步，研发出了CoISurvey这项调查工具（Swan，Garrison & Richardson，2009）。以CoI为理论框架，此工具共包括34项测量题目，其中12项用来测量认知存在（触发事件3项；探索3项；融合3项，解决方案3项），9项用来测量社会存在（情感表达3项；公开交流3项，群体凝聚力3项），13项用来测量教学存在。2007年夏天，位于美国和加拿大的四所机构的研究生课程中采用此工具进行初步测试，在经过主成因子分析之后，所构建出来的三个因子分别证实了COl框架中的三种存在。此项研究成果从统计学角度证实了COI框架中三种存在的有效性，为进一步的定量和定性研究提供了基础。

最先应用COI调查工具测量三种存在、学生满意度相感知学习之间关系的研究是由Akyol&Garrison（2008）开展的，旨在理解随着时间的进行探究共同体是如何发生变化的。首先，研究者运用内容分析探究了学生在参与网络课程的学习进程中其社会存在的变化。结果表明，社会存在在初期是出现频率最高的反应类型，而到了后期被认知存在所取代。同时，社会存在中各类别出现的相对频率也发生了变化，群体凝聚力逐渐增强而公开交流和情感表达逐渐减弱。同样，在教学存在中，随着课程的进行，辅助反应逐渐降低而引导性说明逐渐增高。因此，两位研究者建议当公开交流机制建立起来时，当团体凝聚力增强之后，学生对情感表达的需求就会降低。当课程的重点聚焦于任务本身，当学生调整好自身的角色时，他们需要的支持和鼓励就会减少，而引导性的说明和认知存在就会提高。其次，通过相关性分析，此研究表明教学存在和认知存在之间、教学存在和感知学习之间、教学存在和满意度之间、认知存在和满意度之间、社会存在和满意度之间均存在显著的相关性。但值得注意的是，社会存在和感知学习之间尚未发现显著相关性。其原因可从 Shea&Bidjerano（2009）的研究中窥见一斑。这两位研究者运用 COI 调查工具测量三种存在，并采用结构方程模型 SEM（Structural Equation Modellng）探究了教学存在和社会存在对于认知存在的影响。分析结果表明，教学存在和社会存在能够共同解释认知存在中 70%的变化。但研究者们也发现社会存在是依赖于教学存在的建立而发展的，也就是说，社会存在本身并不直接影响认知存在，而是作为教学存在和认知存在之间的调节变量。Shea&Bidjerano 的结论是："教学存在和社会存在为网络学习者们的认知投入和认知存在创造了途径。"

现今，COI 框架和测量工具的有效性已经得到初步验证（Swan. et al.，2008，Shea & Bidjerano，2009），越来越多的研发者和实践者已逐步将其应用领域从传统的网络课程形式拓展到更具有建构性的课程形式中，而这其中发展最迅猛的形式就是混合式学习环境。当各大高等教育机构把异步的网络讨论视作是提升学生高阶思维技能的方式时，往往会去创建混合式学习环境。但传统的做法只不过是在完全仿照面对面教学模式的基础上，添加了网络讨论的形式，将网络环境视为一个资源的储藏库。但是，当教育者们运用 COI 框架重新设计和实施混合式教学时，他们发现"创建有凝聚力的、有目的性的和富有成效的探究共同体的关键是融合社会存在、教学存在和认知存在。每一种存在都能够在面对面和网络情境中显现出来并以不同的方式进化"。

综上所述，COI 框架源于 Dewey 的协作型构建理论和实践型探究理念，以共同体、思辨型反思和知识构建为核心，以创设认知存在、社会存在和教学存在为手段，为混合式教育提供了理论基础和实践模型，使课程成为提供成功学习体验的阵地。但值得注意的是这是一个动态的模型，在三种存在中不断调整以达到平衡。这三种存在以及其下属的各个类别之间的互动，会随着时间和课程的改变而变化。在与各学科融合的实践过程中，由于缺乏具体可行的指导方法，在课程设计、制作质量与工作流程等方面存在很多问题。

近十年来，混合学习模式在国内教育界各学科的应用研究逐渐增多，研究对象跨越大、中、小学的学生，学科类型包括理、工、文、史等，其研究成果均在一定程度上肯定了混合模式对于学习效果的正面影响。但是，在实施过程中，大量问题也层出不穷。例如，在大学英语混合教学模式的研究领域中，大多数课程改革项目均以英语能力水平的提高为培养目标，而非思维能力的培养，这大大局限了混合模式应用的深度和广度。因此，在下一章中本书将结合国内外各类混合式课堂的实践案例，对其课程设计和实施的各环节进行深入系统的探讨。

第三节　日语专业教学改革与混合培养模式的构建

一、创新思维在日语专业教学中运用

有一位著名外语教学专家认为，情感与性格是启动认知技能发生作用必不可少的发动机。轻松、愉快的学习气氛和环境对学习者的精神面貌、自我形象会产生积极的影响。创设一种平等、民主、和谐、宽松的课堂氛围，有利于学生迸发出创新的火花。

（一）以语感带动听、说、读、写活动技能

日语是一门实践性很强的课程，离不开听说读写，说话人准确表达自己的意图，听话人及时适应表达者的语言习惯，准确领会其具体情景的叙述，种种情况都受某一情景的限制。创造一个相对宽松、和谐的日语环境，让学生置身于语言表达的氛围中，从而能产生一种意想不到的效果。这种环境的设计要以学习日语知识为目标，以交际能力、素质培养为核心，教师可通过自己的语音、语调、动作、表情、姿态、手势把语言变得更加生动有趣，学生通过看景、听音、会意，使音义直接联系，提高用日语思维的能力。在运用于实际生活的对话中，学生可以分别扮演不同的角

色，这样有效地消除他们学习日语的心理障碍，开创敢想、敢说、爱讲的局面。

在表演过程中，以语感带动听说读写活动技能是非常重要的。语言的要素有语音、语调、词汇和语法、语篇，这些都不能是单一独立、分割开来的。学生语言能力的发展不仅仅是语言逻辑的训练，也不仅仅是语言规则的推理和演绎，而更重要的是通过语言实践而逐步形成的语言直觉，即语感。语感越强，就越能加速学习和创造性地运用。学生通过大量的口头练习就可以不知不觉形成用日语思维的习惯。写是各种创新思维能力的综合表现，对学生用日语分析问题、解决问题的能力以及逻辑思维的能力提出了挑战。要求学生每星期写一篇小对话或小短文，或设置某种写作情境，这些都离不开语感的支持。因此，形成良好的语感对语言的学习至关重要。

（二）通过多种思维训练，增强创新思维的能力

在教学中，可以采用以下方法来培养学生的想象力。

（1）自由对话或小剧表演。在教学中每学完一个对话，除了让学生扮演外，还让学生根据所学对话和旧的知识创设情景自编一个新对话。通过这种训练，学生逐渐会从单纯的方法模仿，发展到思维模仿，从而激发学生的创新思维。

（2）对话接龙。对话接龙法，就是学生一个接一个相互衔接地编对话，前一个学生所讲的内容是后一个学生所讲的内容的基础，后一个学生所讲的内容是对前一个学生所讲内容的延续和发展。

（3）看图说话。它不仅能巩固所学的语言知识，还能训练学生的想象力和语言表达能力，开发学生的发散思维能力。出示一幅图，某人在家吃早饭的情景，考虑几分钟，自编一段对话介绍这幅图等等都是有益的手段。

（4）创设质疑情境，让学生由过去的机械接受向主动探索发展，有利于发展学生的创新个性。进行质疑就是不依赖已有的方法和答案，不轻易认同别人的观点，而通过自己独立思考、判断，提出自己独特的见解，其思维更具挑战性。它敢于摆脱习惯、权威等定势，打破传统、经验的束缚和影响，它在一定程度上推动了学生的理解与发散思维的发展。

（三）变个人竞争为小组合作

小组合作就是教师创设问题情景，学生独立思考、实践或探究发现，在做好准备的基础上，开展结对子或小组讨论或其他活动，进行小组交流合作学习。小组合作能给予学生面对面交谈和独立运用语言的机会，产生信息的交流，并且在双方的交互活动中获得反馈。小组活动能使班上更多的学生在同一时间内投入到活动中去，更能营造一种互动的课堂效果和交互的情感气氛，题材更多样，使学生觉得更自由，有更多的选择、更好的机会说他们想说的话，也就更有责任感，更能发挥自主性。例如学生可以按照自己的意愿选择亚洲、非洲、欧洲等某一洲进行虚拟生活（自然分组），并要求不同选题组的学生把本洲的风土人情或气候特点以双语图解、英文儿歌、日语小品等形式自编自演出来。在这样的合作交流中，学生之间相互启发、相互讨论、学习，思维由集中而发散，又由发散而集中，个人的思维在集体的智慧中得到发展，而让每个学生在小组合作中动手动脑，更是发展其创新思维的有效方法。

总之，在日语课堂中，教师应通过各种途径，从多方面鼓励学生进行创造性思维，它符合启发性教学原则，更能有力地促使学生广泛、灵活地思考，增强学生的想象力和应变能力，激发学生的学习欲望，培养学生思维的敏锐性、流畅性、变通性及独创性，同时还能培养学生敢于创新的精神，为学生的智力发展和创新精神的培养提供有效的途径。

二、在日语教学中培养学生的创新思维能力

随着新一轮课程改革的全面铺开，如何在专业日语教学中培养学生的创新思维能力，使学生跳出教材框架，学活课本，从而使学生变得更聪明，更具创造力，也成为我们日语教师亟待解决的重大课题。笔者试结合多年的日语教学实践中所做的积极探索，谈个人的几点粗浅看法。

（一）针对教育对象，倡导合作互动，活化教材，有利于拓展学生创新思维空间

《新版标准日本语》内容新颖，贴近现代生活，为学生学习日语提供

了大量的信息，但是教材中的图文都是静态的，其内涵具有一定的内隐性。如果教师能设法让这些静态的图文动起来，最大限度地开发学生的想象力，再现情景，那么课堂就会增大容量，变得信息丰富，趣味盎然，从而极大地提高教学效率。为了做到这一点，进一步拓展学生的创新思维空间，笔者采取合作互动的方法，即让学生在教师的指导下，根据课文内容，分组进行情景模拟。

在情景模拟演示过程中，教师要鼓励学生大胆创造，尽力做到“活”“广”。在这里，所谓“活”，是指再创造要灵活，既忠实于教材原有设计，又不受其束缚，其内容可以合理取舍，大胆增删，只要能更好地服务于教材与教学就行。所谓“广”，是指学生人人参与、个个展现。总之，学生情景模拟演示，既可以使他们熟练地掌握课文中的知识点，又能更好地培养他们自身的思维和开启他们的才智。再说，在课堂教学中，学生站在讲台上，表演自己亲自编创的情景对话时，同样有益于提高学生的创新精神和实践能力。这种一举数得的事，我们何乐而不为呢？

但是在刚开始的时候，实施起来并不是那么容易，大学生不像初、高中学生那样踊跃表现自己，往往是他们在私底下做得很好，但是却不想在人前展示。针对这种情况，笔者身先士卒，给大家做示范，并且观察学生，发现那些活跃的学生，让他们开头，即使开始说得不好，也加以鼓励和表扬，来调动大家的积极性。于是，大家不再有顾虑，纷纷拿出自己的“作品”。不仅能激发他们的学习兴趣，同时还有利于拓展学生的思维空间，提高他们实践能力。

（二）立足“学用结合”，精心设置学案，有利于激发学生创新思维潜能

“学用结合”是外语教学中最为推崇、也是最为基本的一种教学思想（或教学理念）。在日语教学中，笔者和同仁立足于“学用结合”，力求学生做到学有发展，学以致用，既学得活，又学得透。（1）强调学生在学中用、在用中学，要求充分理解而不是死记硬背。（2）把掌握知识的重点放在思考力的发掘和培养上，根据学生思考问题的方式和特点，通过各种渠道把知识结构铺垫成学生思维的方式，通过提问、探索和点拨，引导学生思维，鼓励学生多角度思考，在学习知识的同时，训练思维方法，用思维

方法指导知识学习。

学生要掌握好基础知识，是与教师的正确引导分不开的。古语云："授之以鱼，不如授之以渔。"只有教会了学生科学的学习方法，他们的能力才会提高。针对学生在起始阶段日语基础较差，为学生精心设置学案，可对每单元的课文阅读采取"自学探究""合作学习"和"运用创新"相结合的方法。

"自学探究"，是指学生针对学案中的目标和要求进行预习，在探究过程中完成猜词义、分析句型、归纳课文重点、难点等任务，发现问题。"合作学习"，是指让学生在充分预习的基础上，在课堂上展开共同的合作学习研究活动，教师在关键处进行点拨，针对学生的疑难进行解答。在课堂整体教学上，学生"探究"，教师"点拨"。然后，在"自学"和"合作"的基础上让学生去"运用创新"，教师精选文中出现的重要词汇、句型编成练习题，让学生进行必要的巩固，使他们把学到的知识转化成能力。

实践证明，这样做，学生不是学少了，而是学多学活了。在教师引导学生自学时，教师结合目标语言教学，让学生针对目标语言，学用结合，有效地激发了学生积极思考、发现问题、提出问题和解决问题的潜能。课题的实施也无疑使学生自学和运用英语的能力得以明显提高。

（三）鼓励立异标新，启发学生发散思维能力，有利于增进学生创新思维深度

在教学中，笔者注意多角度、多方位地设计各种思考题，发展学生横向、类比、逆向、联想等思维，使学生不单单停留在理解和掌握所学的内容上，而且要利用现学的知识，结合已学知识去探索、去创造，增进他们的创新思维深度，培养创新能力。在语篇教学时，笔者常根据教材的语言材料，设置疑点，采用多种思维训练法，引导学生对课文内容进行再加工，鼓励学生从不同方面、不同角度进行思维。

三、日语专业教学的改革与创新

（一）日语教师实践能力的提升策略

目前，提高应用型高校日语教师的实践教学能力越来越受到人们的关注和重视。然而，如何针对性、有的放矢地提高日语教师的实践教学能力和如何构建日语教师实践教学能力的培养路径等方面的研究，目前仍处于学术层面的争论之中，急需一个提升日语教师实践能力的系统方案。建议从以下几方面进行：第一，多渠道引进日语教师，实现日语教师团队结构多样化；第二，建立日语实习基地，"走出去"到企业、岗位进行实践锻炼；第三，"请进来"，邀请经验丰富的企业人士来校开讲座；第四，参与"大学生创新创业训练项目"，在实践中与学生共进步；第五，研发校本教材或教辅资料。

（二）建立提升日语教师实践能力的保障机制

日语教师实践能力的培养和提升是一个系统工程，为了保证该工程的顺利执行，必须建立相应的保障机制。运用保障机制激励日语专业教师加强实践能力修养，保持高校日语教师队伍的稳定，使日语专业实践能力培养的成果能够在高校发挥作用。

（三）建立提升日语教师专业实践能力的评价体系

国内一些高校已展开对日语教师实践能力指标体系的研究，但是至今没有一套完善且能有效推广的指标体系，与现实发展的结合也还有待进一步深化。建议在国际化视野下对日语教师专业实践能力的内涵界定的基础上，结合日语教师在各阶段实践教学的表现和成效，构建一套较为合理的日语教师专业实践能力的评价体系。

（四）确定改革目标与关键问题

日语教师专业实践能力的根本特征是实践性，而语言是文化的载体，同时又是文化的一部分，语言不能脱离文化而存在。在商务往来过程中，脱离语言目的国的商务文化知识就无法准确理解和得体地运用日语。改革目标定位于从社会和企业对日语专业人才的实际需求出发，在国际化视野下采取多维度分析模式，应从日语教育教学实践能力、实际工作实践能力和科学研究实践能力等方面，探索提升日语教师实践能力的途径。日语教学专业实际能力来自于日语教学活动中，实际工作实践能力来自于职场实践活动中，而科学研究实践能力来自于具体的科学项目研究工作中，这三项能力必须是相辅相成、相互促进的。应该根据项目成员的实践能力构成的不同，对具体改革内容进行理论与实践研究。在厘清日语教师专业实践能力内涵的理论基础上，构建提升日语教师专业实践能力的保障机制和评价体系，以期达到取长补短，有的放矢地探索适应应用型高校日语专业发展所需的日语教育教学实践能力、实际工作实践能力和科学研究实践能力三大实践能力的提升和整合方式。

第一，改革日语教学内容和教学模式，激励日语教师在实践中提高。高校教师对自身实践能力培养的重视不够、内在动力不足，这直接影响了其对这一研究目标的投入力度。唤起高校日语教师对提高自身实践能力的高度重视，变被动为主动，努力改革日语教学内容和教学模式，以期在教学实践中提高能力。

第二，日语教师的师资培养机制不健全，日语教师与同行业学术交流以及到企业实践机会很少，严重阻碍了日语教师实践能力的提升。改革培训制度，推动日语教师到企业、岗位中实践，为提升日语教师实践能力提供场所。

第三，改革日语教师团队结构，采用多种渠道引进日语教师。从企业引进人才可以避免实践知识的老化，使学校教学跟得上行业发展需要，还可以对实践能力较弱的日语教师进行技能培训，促进日语教师整体实践能力的提高。

第四，改革考核日语教师专业实践能力的内容和方法。目前，高校教师的理论教学和学术科研考核体系比较健全，但是，教师实践教学能力考评体系却严重缺失或简单粗糙。因此，要在制度层面上建立有效激励机制，提高日语教师实践能力提升的动力，保障日语教师实践水平的快速提高。

（五）模拟实践教学法在应用型商务日语人才培养中的作用

社会的发展具有全新的特点，对应用型日语人才的市场需求日益增加，这也是商务日语教学越来越被重视的原因。应用能力的获得和提高需要经过从简单到复杂的实践过程，但所有能力的养成都依赖真实的操作情境，是不可能也是不合理的。模拟实践教学法是培养应用型人才行之有效的教学方法，是课堂通往社会的高速通道。

中日商贸关系的稳步发展，极大地推动中日两国的经济迅速发展，而且，日语人才也需要不断地提升自己的综合能力和专业水平，如此才能适应社会发展的需要。因为社会的发展使得岗位更加细化，领域更加宽广，若对日语人才的培养还仅仅停留在以语言教学为核心的层面上的话，那么将无法满足岗位的要求。目前的日语人才培养应该综合基本的日本社会文化知识、应用型商务日语以及日本商务惯例等各个方面的知识。因此，我国的日语教育也随之发生了新的变化，商务日语的实际应用价值不断提升，正在逐步取代以语言为主的传统日语教学，慢慢占据着我国本科日语教育的主体地位。如何培养市场所需、企业所需的应用型商务日语人才，如何全方位提升学生的应用能力等问题，是对商务日语教学提出的重大课题。

目前，模拟实践教学法在计算机、大学英语、旅游管理等教学领域，取得了令人满意的教学成效，但在商务日语教学中还处于探索的初级阶段。日语人才的培养目标随着商务环境日新月异地变化不断得到提升，日语教育界越来越关注模拟实践教学法在商务日语教学领域中的应用。在此，笔者以构建主义理论为依据，探究模拟实践教学法在商务日语教学中对于培养应用型商务日语人才的重要意义，探索模拟实践教学法在信息化时代下的应用新模式。

1. 模拟实践教学法的内涵与作用

模拟实践教学法是理论与实践相结合的教学方法之一，其结合所需专业背景与行业特色，在教学过程中为学生建立一个直观的、与实际类似的仿真工作场景。模拟实践教学法要求按照实际的工作内容和要求设计课题或案例，指导学生根据实际工作的操作程序和方式模拟职业岗位角色，引导学生在模拟实践操作过程中，掌握并扩大专业知识，其重点是为了培养学生解决实际问题的能力。

商务日语虽说自20世纪80年代后期至90年代初就已经出现在国内高校，但目前，无论从知识的横向还是纵向，都尚存在许多不尽如人意的地方。大多数商务日语教学偏重于商务语言应用能力的培养，基本上以书面的教材为主，教学方法仍停留在教师讲解、学生被动接受的课堂教学模式上。这种“填鸭式”教学模式不利于学生学习兴趣的培养，严重阻碍了师生之间的自主交流和学生实际应用能力的提高，导致学生毕业后无法立即进入职业角色中。模拟实践教学法正符合21世纪对商务日语教学改革中发挥学习者积极性、自主性和创造性的要求，满足建构主义理论学习环境下的四大要素，是加强教学实践环节的一种有效的教学手段。

首先，为培养具有跨文化商务交际能力的人才创造了有效的模拟场境。在商务日语教学中，为培养具有跨文化商务交际能力的人才而创造有效的模拟场景，即“情境”的设定，这是对模拟实践教学法的应用。要求商务日语学习环境中的情境必须有利于学生对所学商务日语内容的意义建构。商务日语教学设计既要考虑到教学目标，还要考虑到有利于学生建构意义情境的创设，其是将情境的创建定位为教学设计的重要的环节之一。

其次，有利于培养学生的协作精神。模拟实践教学法要求学生在“协作”下完成模拟情境中的任务。协作活动一直贯穿在学习过程中的始终。协作有利于商务日语学习资料的采集、分析以及假设的提出与验证，并对培养学生的团队意识、提升沟通能力及学习成果的评价直至意义的最终建构，均具有重要意义。

再次，有利于培养学生的会话能力。协作过程中的不可缺少的重要环节就是“会话”，即借助语言进行交流沟通。模拟实践教学法是培养学生如何正确、合理、恰当地选择适当的日语词汇、日语语法、日语商务专业用语等表达思想的最佳方法之一。通过相互的会话交流，整个学习团队可以共享每个成员的思维成果和智慧，从而达到意义建构。

最后，帮助学生积累商务实践经验。国际商务往来不仅需要丰富的专业知识，还需要实战的经验、敏锐的洞察力以及灵活的策略能力。模拟实践教学法教学可以帮助学生积累商务实践经验。根据不同项目的具体要求和目标，开展模拟实践教学，培养学生的商务思维能力，激发学生的创新思维能力，以达到“意义建构”。

2. 模拟实践教学法的应用创新模式

商务日语教学的主要目的在于应用能力的培养，基于当前提倡的“产学研”三位一体的教学模式在条件上的不成熟，因此，若所有应用能力的养成都依赖真实操作情境，是不可能也是不合理的。模拟实践教学法在商务日语教学中的应用突破了学生参与商务日语实践活动的时间和空间的局限，是培养应用型商务日语人才的有效教学方法。

目前高校的课堂教育提倡课时的少而精，但是既要满足课时的尽量少，又要保证教学的质量和效果，势必要进行课堂延伸。在高速发展的信息化时代背景下，多媒体、互联网、移动通信等信息化工具与手段不断地发展和进步，因其即时性、开放性和互动性等优势被广泛应用于外语教学之中，也为课堂延伸提供了条件。在此，借助信息化时代的工具和手段，以建构主义理论为依据，尝试探索商务日语教学中模拟实践教学法应用的新模式，就显得非常必要。由于现有商务日语教学的条件有限，因此以课堂为平台的模拟实践教学还是占绝大部分的。但在与课堂时间有限的矛盾现实下，建议利用信息化工具与手段，将情景设定、资料收集、角色分配、情节训练等环节安排在课外进行，只将模拟实践、评价、反思等环节安排在课堂进行，这样不仅可以有效延伸课堂，还可以让学生以轻松的心态进行充分的准备，并在课堂进行自信的展示。

（1）把真实的商务案例引入模拟实践教学

建议把真实的商务案例引入模拟实践教学中去，只有贴近生活、贴近现实，才能体现模拟实践教学的目的。首先，要求教师活用网络信息平台，选择具有普遍性、突出性、真实性、时效性的案例，可采取“微课”的形式进行案例分析，让学生在课堂外就可以了解商务背景、商务惯例、经济市场动向等各项信息。其次，让学生分组进行多角度、多方位的讨论。最后，在课堂上以小组为单位进行辩论与反思。课堂上的反思非常重要，是教师和学生共同通过批判性的考察案例学习过程中的分析是否全面客观、考虑是否真实妥当、解决问题是否妥当，以及从中得到什么启迪等的关键。为了尽可能地有效发挥课堂的延伸效果，还可以通过网络平台进一步地思考，这些方式有助于学生研究性思维能力的提升。

（2）借助各类网络软件进行模拟实践教学

建议借助各类网络软件进行模拟实践教学。现在的大学生大多数是

“00后”，对软件的使用兴趣远远大于书本。商务日语教学中可以采用网络模拟实践模式，让学生按照网络指令，进入软件中设定的如日本企业、银行、办公室、谈判会场等情景中去，根据设定的商务规则，进行各种仿真模拟操作，完成商务活动或任务。这个项目可以一人或多人同时参加。这种学习方法不仅趣味性很强，可控性也很高，教师可以随时通过网络了解学生的学习进展情况。兴趣是最好的老师，在情感驱动下学生能够主动地完成任务或学习内容，在玩中将书本知识内化为自身的智慧，有利于增强学生的自豪感和自信心，从而使课堂更理想地达到有效延伸。

（3）通过日本商务相关视频进行模拟训练

建议通过日本商务相关视频，自主想象商务情景，进行指定项目的日语商境模拟训练。教师为学生提供有针对性项目的商务视频，让学生在课后以小组的形式总结项目场景特点、语言用法、人员的座位安排以及会谈技巧等规则，并自由分配角色，围绕项目话题进行日语会话练习，之后进行课内检验。商境模拟训练更强调学生的主体作用，给学生以身临其境的感觉，让每个学生在模拟商境中担任导演、演员等不同角色：商境模拟训练需要小组成员具有合作精神和丰富的想象力，还需要具备较强的协调、交流、角色模仿和情感调整等能力。日语商境模拟训练克服了空间的局限性，有利于提升学生的商务思维能力和综合素质能力，但因为模拟训练过程中人为的因素过多，要达到预期的教学效果，教师就要承担起正确指导、严格监督和有效协调的责任。

四、日语专业混合式培养模式探究

针对零起点的日语听力课程教学不同阶段的特点，高校应坚持以学生为主体、以教师为主导的教学理念，借助校园网络教学平台，运用多种教学设备和工具、教材和媒体，将传统的课堂教学方式与互联网教学方式有机结合，构建不同的线上网络教学和线下课堂教学比例，建设良好的教学环境。混合教学模式改革的目的是通过教学内容、教学手段的混合，强化教师的主导地位，突出学生的主体地位，不断完善网络资源建设，实现教、学、做三方面的跨越式发展，从而达到最优的教学效果。

（一）混合教学模式

教学模式分为传统教学、网络辅助教学、网络教学、混合教学等，这主要是根据教学过程中运用网络技术的比重来划分的，通常情况下，教学方法中没有采用任何网络技术的话，则为传统教学；网络辅助教学模式中通常会运用到1%~29%不等的网络技术；网络教学中至少有超过80%的教学内容是通过网络形式来呈现的；混合教学则是指一门课程有30%~70%的教学内容以网络形式存在，并且教学形式多样化。

总而言之，所谓传统教学就是师生进行当面交流，这个过程中也不会使用任何的网络技术和信息，所有的教学内容都需要教师来板书，并以口头传授为主要教导手段的一种教学方式。传统教学在教育界的作用也是不能被完全否定的，它的主要特征是在教学过程中，教师掌控着整个过程的进程，学生则往往只能被动接受，其主体地位一直没有凸显出来。这种模式非常不利于激发学生的主动性和积极性。

20世纪90年代初，随着科技信息的迅猛发展，将信息技术引入课程教学，“网络辅助教学”“网络教学”这种新兴的教学模式应运而生。网络辅助教学模式中会采用一定的网络形式来呈现课堂教学内容，不过其主要的教学活动还是需要师生当面来完成的。所以，网络辅助教学也只是在信息时代的需求下，对传统教学的一种改进和完善。借助网络辅助教学模式，网络技术已经真正地进入教学中了，不过这种模式还是强调教师的中心地位，学生的主体地位也没有很好地凸显出来。

网络教学就是真正意义上的利用网络技术进行教学，不但是教学内容以网络形式呈现，就连同教学方式也已经变成了在线教学，不需要师生面对面地来完成。网络教学主要是采取在线教学的方式展开，是符合信息时代发展要求的。该教学模式凸显了学生的主体地位，使得学生具有较好的自主学习动力，但是，其局限性在于虽然重视了学生的主体地位，但是对老师的主导地位却很有影响，不利于师生之间的有效沟通和交流。

综上所述，网络教学和传统教学各有利弊，各具优势，为了结合两者的优势，实现教学效果的最大化，一种混合教学的模式逐渐被人们所重视。所谓混合教学指的是结合传统学习方式和网络化学习方式的长处，使得学习效果获得较好地提升。这就必须在重视老师的主导作用的同时，还要充分发挥学生的学习主动性和积极性。两种教学方式相结合，可以取长补短，将教学中的优势最大程度发挥出来，这样可以确保学习效果不断获得提升。教学过程是复杂的、长期的，想要将其简单化或者简化的想法都是不科学的。混合教学模式结合了多种学习方法理论，并综合了课堂教学和在线教学两种方式，将个人学习和小组学习进行结合，它的教学目标是寻找合适的机会，采用恰当的方法，从而确保教学效果的实现。混合教学模式需要借助网络教学平台完成教学。

（二）日语听力课程教学的特点分析

商务日语专业中有一门日语听力课程，是基础课也是必修的课程，一共分为 204 个学时，课程安排为三个学期。

设立日语听力课程最主要的目的就是让学生获得一定的日语听说能力，基于这个目标，开展由浅入深的听力练习，经过系统的、科学的训练，给学生播放大量的、涉及各个方面、各个层次的听力材料，让学生掌握听力材料中涉及的主要词汇、语法或者社会文化知识。这样能有效提升学生的听力水平，并对学生克服听力障碍也有着积极的意义，为以后的日语商务课程的学习做好准备。

听力课程的核心内容就是语言交际能力和语言能力的培养，因此，这种教学是有别于其他课程教学，更注重听力技能的获取和足够的输入练习。一般来说，商务日语专业听力课程所针对的学生，都是没有任何日语基础的。因此，对他们进行听力训练，不仅仅要提高他们的听力理解水平，更要将与日语有关的词汇、语法结合社会文化背景进行日常渗透，这样才能有效地提高学生的实际运用能力。

零基础日语听力课程包括几个重要阶段，即入门、初级向中级过渡、中级向高级过渡阶段，而且各个阶段都具有独特之处，这主要表现在每个阶段的教学任务、教学内容、教师的作用和重难点的把握上都各具特色，所以，在开展教学活动时，要根据实际情况进行教学模式和教学策略的制定。

第四章　以产出导向法为基础的日语教学模式

产出导向法理论体系在教学内容、教学模式、教学评价等方面实现了教学改革，极大程度地提高了教学质量，顺应了时代发展需求。本章对产出导向法进行概述，并论述产出导向法理论体系的构建。

第一节　产出导向法及其理论

一、产出导向法的概念

“产出导向法”（Production-oriented Approach，简称 POA）是文秋芳教授构建的外语课堂教学理论。“产出导向法”的提出，一方面是针对我国大学英语教学“以课文为中心”的精读教学模式，这种模式将“讲课文”作为语言教学的目标，忽略了语言的使用；另一方面针对“盲从学习者为中心”教学模式，这种模式注重学生自主的语言使用，如课堂交由学生讨论、课下让学生自主完成项目等，忽视了教师指导的输入性学习。“产出导向法”挑战了“满堂灌”和“以学习者为中心”的教学模式，在汲取了国外教学理论的优秀成果，并结合我国大学英语教学的学情的基础上，针对我国大学英语教学任务重、课时有限的现状，主张“课堂上的一切活动都要以‘学习发生’为最终目标”。同时，认为要促成学习发生，必须改变教学实践中出现的“学用分离”“教师作用边缘化”的现状，主张教学以“输出”任务为出发点和目标，以教师中介的“输入性”学习和评价为手段，引导学生“学中用、用中学，学用结合”，以优化课堂教学效果。

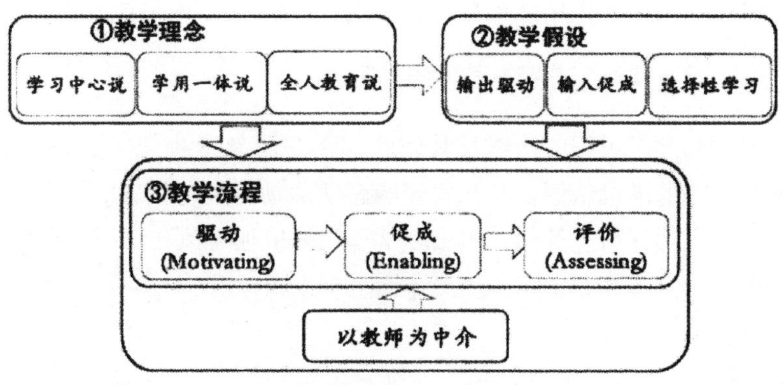

图 4-1-1　“产出导向法”的理论体系（文秋芳）

经过多年的发展，产出导向法由“输出驱动假设”发展到“输出驱动—输入促成假设”，最终发展到产出导向法这一体系。整个过程凝结着国内、国外教育研究者的心血，其中包含着理论的不断创新发展，以及对该理论的实践。对产出导向法这一方法贡献最大的是文秋芳教授。产出导向法提出后，在外语教学方法本土化的过程中，很多教育专家在运用该方法时对其不断地丰富拓展。

产出导向法主要基于“学习中心说”“学用一体说”“全人教育说”三个教学理念。这三个教学理念指导着教学假设和教学流程。教学假设主要包括“输出驱动假设”“输入促成假设”以及“选择性学习假设”。这三个教学假设也为产出导向法的教学流程提供理论依据。产出导向法的教学流程共由三个教学环节——驱动环节、促成环节、评价环节构成。教学流程也在实践中体现着产出导向法的教学理念和教学假设，使得更多学者对产出导向法有了更深刻、更清晰的了解。在清晰地了解产出导向法后，能够准确地应用在外语教学的各个领域，从而提高外语的教学效果。

二、产出导向法理论体系的构建

“教学理念”“教学假设”“教学流程”这三部分构成了产出导向法。

其中“教学理念”是其他两部分的指导思想；“教学假设”是“教学流程”的理论支撑；“教学流程”是“教学理念”和“教学假设”的实现方式，同时教师的中介作用体现在“教学流程”的各个环节之中。

（一）产出导向法的教学理念研究

对教学和学习过程的认识及其体验就是对“教学理念”的基本看法。对于教学理念的准确认识，是高效开展教学活动的关键因素。这里主要对产出导向性进行探讨。产品导向法教学理论研究明确列出了三个方面的内容，具体包括学习中心说、学用一体说、全人教育说。

1. 学习中心说

与20世纪末以前我国提倡的“教师中心说”大有不同，“教师中心说”以教师为主，重视教师对于学科的培养，而“学生中心说”以学生为主，从而弥补了之前“教师中心说”忽略学生主动性这个缺陷。正是由于“教师中心说”在学生的主动性和积极性方面极度欠缺，早在20世纪末21世纪初，很多教育专家就已经开始想要一步步降低“教师中心说”的影响力，当时，“学生中心说”由美国教育家杜威的“儿童中心说”得以引进发展。这对于我国外语教学有着极其利好的作用，但同时也存在一些挑战因素。“学生中心说”与之前过分强调的“教师中心说”相比，学生的作用扩大化、权利增强化、选择广泛化……使教师在教学过程中，对于教学内容和目标缺乏主见和权威，教学单单围绕学生的爱好和想法出发，这种情况严重阻碍了教学的发展进程。所以，关于是否将“学生中心说”严格贯彻落实下去，还有待商榷。在这一过程中，我国教育专家也在竭力思考解决办法。之前的“教师中心论”似乎被重复提出，但相较之前又有所不同，“教师主导，学生主体”的理论指在教学中发挥学生主动创造性的过程时，由老师把控整个教学局面，教学目标、内容和方法都由老师全权做主，起到一种总指挥的作用。两者存在一种谁都是主体，又谁都不是主体的良性关系。

再看“学习中心说”，其实它并不是片面强调学生在教学活动中的主体作用，而是强调教师的教学活动应该围绕学生展开，使得教师教学和学生学习两者达到有效的平衡效果。从这一基础出发，“学习中心说”就成为体现学校教育最本质特点的理论了。以“学生中心说”为指导而展开的教学活动，是教学两者的“合作”，在教师完成教学内容和目标的同时，学生完成学习活动。但是要完成这一高效的合作过程，对教师的要求也是极高的，教师应该充分利用教学的有限时间，透彻了解教学的全过程，运用多种手段，使学生处于全力投入学习的状态。既然是以学生为主体，就要做到：每一分钟、每个教学环节、每个教学任务都为学生所用，对学生的学习产生积极效果。这在大学外语教学中显得尤其重要。

2．学用一体说

提到“教师中心说”时，我们会想到“学生中心说”，提到“教师中心说”时，也会想到与它对应的“教材中心说”。有一段时间，“教材中心说”讨论热度极高。“教材中心”，顾名思义，强调教材及课本的重要性，强调理论，忽视实践活动。由于社会的现实性，这一弊端很快显现。于是在这一基础上，产生了“学用一体说”，就是在学习教材理论知识的基础上，也要重视运用理论到实践活动中。这种理念的提出，不是在强调实践的同时片面舍弃课本材料，而是主张用课本指导实践应用。重点在于怎么借助教材使实践展现最大效果。但是将这一观点采纳到外语教学中还存在着大量争议。尤其对于当前的高中外语教学阶段来说存在隐忧，高中教学时间紧、任务重，而上述观点不仅要考虑教学，还要考虑教学与实践的结合和辅助，这无疑增大了高中生对于外语知识的输入与输出长度。短暂紧缺的时间让教师无力顾及实践的内容，而学生也无力进入实践活动。也就是输入达到要求，但是输出很难达到。

随着现在对“学用一体说”理念的高度关注，更应该强调教学活动中教学的内容与实践的整体应用性，应该达到学以致用的效果。例如，现在外语教学从小学三年级开始，然而有的学生到了高中依然是“哑巴外语”的学习模式，近十年的教学完全没有真正“学以致用”。所以应该多加关注“学用一体说”，让教师的外语教学与实践应用相联系，让学生的“哑巴外语”的现象减少，让运用外语随处可见。

3．全人教育说

“全人教育说”首先在于教学的对象，即学生本人。教育学生，最基础的就是应该帮助学生做到有思想、有感情。在关注学生教育的同时，更要促进学生的全面发展，也就是现在高度提倡的素质教育。就外语教学而言，外语学习不仅在于应对考试，还要注重外语在交际方面的作用，这才是学生综合素质的高度表现，才是“全人教育说”的体现。高中的外语教学过程中，不仅要关注学生的多场考试，更要在教学过程中，注重人文性的培养、交际的应用。“全人教育说”应该是每个教育者都时刻铭记的，并且以此来指导教学工作，方便在教学中明确工具性目标和人文性目标。

关于工具性目标和人文性目标的教学安排，教师要以培养学生正确的三观为方向，教学内容的情感目标有必要进一步提高，教学素材的选择应考虑多一些富含人文性的内容，教学活动应该创新化、人文化，在教学过程中，以增强学生团结互助为目标，调整评价方式，使形成性评价与终结性评价相适应，教师评价与同伴评价相结合，这样在培养三观同时，增强精神力量，培养高尚情操，及时准确地了解学生信息，推动学生积极健康地生活。

（二）产出导向法的教学假设分析

产出导向法理论指导下的教学假设，主要由输出驱动假设、输入促成假设、选择性学习假设组成。

1. 输出驱动假设

其实早在20世纪80年代，就有学者曾经在第二外语习得理论中提出过输入假设、输出假设。正因为这种提出，输出驱动就为现在的产出导向法输出驱动假设建立了基础。当然，这两者间还是存在极大的不同之处。虽然“输出假设”和“输出驱动假设”都增强了产出的速度，学生在此过程中也可以得到输出面貌的展现和输出结果的差别，这样有利于学生学习语言的进步，而且学生会更关注在输出情况下的自我学习状态，增强自我审视意识，但是在“输出假设”与“输出驱动假设”主流方向上，是存在极大差异的：前者关注第二外语习得理论，它更强调输入的重要性，关注输入质量和数量，而减少输出对学生学习的影响；后者则比较关注第二外语习得教学领域，强调输出的重要性，这样的学生不仅会关注输入知识的多少，还会更加关注输出多少，从而找到自身的不足，加以改进，收到明显的效果。理所当然，当学生对输出关注点更高时，意味着对教学中教师的能力提出了更高的要求。

2. 输入促成假设

产出导向法以“输出驱动假设”为基础、以“输入促成假设”为后续。因为在上述“输出驱动假设”上，对教师教学提出了更高的教学要求，所以整个教学活动，不单依靠输出驱动，而是要求教师在输出驱动之前，做更多的准备工作，要充当“先行组织者”，在教学活动进行之前，提供合适的教学兴趣，让学生在教学之前就得以充实提高，这样的举措必然会使整个教学活动更加成功。

3．选择性学习假设

“选择性学习”建立在“输入促成假设”理念之上，因为“输出驱动假设”强调输出的结果，那么我们就可以从产出中获得大量结论，从而在“输入促成假设”中根据结论做出适当调整，在学习任务重、学习时间紧等各种复杂条件下，找到更便于学生学习的教学活动。这样的“选择性学习假设”相当于根据学生的具体需要而进行的有针对性的安排。相信该项理论的提出更能提高教学成绩。

（三）产出导向法指导下的教学流程

产出导向法指导下的教学流程主要由驱动、促成、评价三个环节组成。其中教师担当的角色是中介。

1．驱动环节

产出导向法以学生创造性为目标点，在整个教学活动最开始，设计一个全新的模块，通过模拟实际教学环境，让学生在教学最初就明白自己与教学活动的中间差，从而发现自身所面临的不足，让学生产生学习的兴趣，并且激发后续学习的能力。在这个过程中，首先是对场景的选择，应该选取交际性强、话题有挑战效果、有社会融入度，并且与社会热点话题相呼应的场景；其次是引导学生积极进行此模块的尝试，推断最后的自身产出效果；最后是教师要明确指出此模块的意义，让学生明白此模块与教学的联系，方便之后正式教学活动的展开。

2．促成环节

促成环节，顾名思义，就是强调“促成”的作用，这就要求教师在教学过程中，起到“中介”的作用。教师应明确学生的学习趋向，不仅提供学习材料和学习方法，还要对学生的产出过程进行指导和检查，产生实时围绕的促进效果。“促成环节”包括三个步骤：①教师讲述产出任务，指出学生应该怎么做；②学生根据产出任务自觉选择学习的内容，而教师只是在旁边起到指导学习和辅助的作用；③学生根据自己的选择深入学习过程，教师全程监督和协助学生完成。

3. 评价环节

评价环节就是对学生的产出任务进行评价，这种评价能起到激励学生、提高教学成绩的作用。它主要包括两个类型，一个是即时评价，另一个是延时评价。前者强调在未完成前就进行反省；后者是当完成一系列的学习，在老师的指导下完成自己的任务后，交予教师进行的评价工作。前者地点一般以课堂为主，后者地点不限，大部分都是在课堂外。不管是即时评价还是延时评价，都存在三个具体步骤：①教师与学生一起商定关于评价的具体实施标准；②学生在有限的时间内，按老师的要求，上交评价作业（产出任务）；③正式开展评价工作，并且存进学生成长档案袋，便于查询学生状态，让学生了解自己的成长过程，让教师对学生开展教学有了依据。

第二节　产出导向法在日语专业基础阶段教学中的作用

一、产出导向法在日语课堂中的指导性作用

（一）将批判性思维能力的培养融入大学日语课堂教学环节

批判性思维能力长期以来一直被认为是大学生创造思维所必须具备的一种基本能力与大学生应该掌握的基本学术技能。批判性思维的主要原则，就是要有勇气质疑，质疑传统的观点、质疑新的理论和问题，经过质疑提问后再做出谨慎的判断，从而进行科学合理并符合逻辑的推理。这一点也正体现了批判性思维的本质，批判性思维是一种“反思性思维”。因此，教师要在实践教学环节设计出创新的授课模式，培养学生的批判性思

维能力，最终目标是丰富学生思维的广度和深度，使学生善于推敲问题，善于质疑，敢于质疑自己进行自我反思，也要有勇气质疑他人，质疑权威，善于在学习中发现问题并提出问题，使学生具备严谨的治学态度。反过来，学生也必将终身受益于这种批判性思维能力的培养。

（二）利用网络信息平台，实现课前信息的导入

在传统的大学日语课堂，学生由于缺乏话题相关背景知识介绍，无法顺利进行语言的有效输出。在数字化网络平台的广泛应用新时代教学背景下，与教材课文话题相关的背景资料，无论是视听还是文本，都可以在学生共享的网络学习平台展示。如涉及社会文化心理等话题时，演讲可以为学生提供书本之外的语言信息资料；涉及名人生平话题时，一些成功人士的演讲不仅可以实现对学生的"全人教育"，激发他们内在的学习动机，确立正确的人生观，开拓学生的视野，同时也为语言学习赋予新的生命。语言的学习与相关话题和运用有机地结合在一起，在每一个相关话题情境中体会语言的使用，丰富语言文字知识的同时，也丰富了语用知识。在大学日语课堂环节，授课教师便可依据教材，将学与用有机地结合在一起。教师只有通过各种有效的教学手段和策略，把学生调动起来，积极参与到课堂教学活动中，学生才会有更多运用使用目标的机会，主动用目标语来进行表达和交流，真正体现学生在课堂教学中的主体地位。对于语言学习者来讲，最有效的学习方式就是将语言学习者置于某一具体事例发生的情境中。语言输出不仅可以激发学生的内在学习动机，更能够增强学生的自信心，只有当学生有了自信心，内在的学习动机被激发，他们才会从主观上愿意将自己融入课堂教学活动中。同时，教师在外语课堂教学中的主导作用发挥是决定课堂教学是否能够有效实施并取得最佳效果的关键。

二、产出导向法应用于日语教学的优势

（一）"产出导向法"相对于综合型教学法的优势

"产出导向法"汲取了二语和外语教学的优秀成果，并结合我国教学的实际情况，为大学日语走出"费时低效"的困境探索了出路。与之前的

教学方法相比，“产出导向法”在理论上具有优化课堂教学效果的潜在优势。综合型教学方法注重语言形式的教学，通常以包含语言形式的篇章或对话作为输入材料，以聚焦语言形式的任务来进行强化练习，以帮助学习者将陈述性知识转化为程序性知识。我国的精读教学法虽然不完全局限于语言形式教学，但从教学的侧重点来看，属于“以语言为中心”的教学法。这类教学在认识论上有比较明显的客观主义倾向，把语言当作静态的客观实体，忽视了语言的交际功能，缺乏对学习者主动性的重视。

与综合型教学方法一致的是，“产出导向法”不排除语言形式的显性教学，但与综合型语言教学有两点差异，正体现了“产出导向法”教学的如下优势。

其一，“产出导向法”提倡在有意义的语境中通过使用来学习语言形式，注重形式与意义的结合。脱离语境的形式教学无法达到满意的教学效果，是因为语言学习并不是被动的接受过程，除了外部的刺激，还与主体的情绪、思维、感知、意志等密切相关，语言形式教学强调了人的生物属性，忽略了人的社会属性。

其二，与综合型教学法将语言学习看作是单向的知识传授不同，“产出导向法”既注重语言教学中的输入，也重视互动和产出。“产出导向法”以产出为导向，提倡“学用一体”，利用产出任务作为教学的起点和终点，学以致用、用以促学，有明显的建构主义倾向，遵循“做中学”的教育思想。在教育领域中，人们往往将“获得知识”和“应用知识”看作是两种不同的活动，杜威在其“做中学”的教育思想中消解了“知”与“行”的对立关系，主张学生从经验中学习，认为知识是解决问题活动的结果，活动则成为学习的载体。“做中学”思想贯穿了近 100 年来的教育改革（张建伟、孙燕青 2006），反对传统“只重知、不重行”的满堂灌的教学模式，并催生了一系列的教学方法和手段，在二语和外语教学领域，实践中的学习、情境性学习以及基于任务、问题、项目的教学法都吸收了“做中学”的教育思想。

“做中学”强调学习主体对知识的主动建构，这种学习模式将知识的被动接受改为主动探究，无疑是进步的，但从“有效教学”的角度来看，“做中学”的探究式学习需要以“费时”为代价的，在有限的课堂时间内，完全依赖学生“做中学”显然是对教育资源的浪费。对教育资源的合理利用，正是“产出导向法”对比以下“分析型教学法”的优势之一。

（二）“产出导向法”相对于分析型教学法的优势

分析型教学法注重语言的意义，提倡以学习者为中心，教学的内容常常采用主题式或交际式，采用真实的材料，以口头或笔头的产出活动作为教学的主要活动，很少涉及语法规则、操练和纠错。在认识论上分析型教学法有明显的建构主义倾向。

“产出导向法”与分析型教学法有共通之处，也采用主题式教学，以口、笔头产出活动为教学的主线，但相对于分析型教学法，“产出导向法”也有如下两个优势。

其一，“产出导向法”汲取了社会文化理论“支架”“中介”“他人调节”等成果，注重教学中教师引领作用。“产出导向法”认为，课堂学习与自主学习的区别在于课堂学习可以充分发挥教师的主导作用，优化学习的“环境因素”，以影响学习者的个人因素和行为因素，从而优化学习效果。Loewen 将“Instructed SLA”定义为“教师系统调节学习机制或学习环境，以促进二语习得和发展的理论及实践探究”，也就是说，“Instructed SLA”关注的是教师如何促使二语习得的发生。教师对学习者、学习目标、学习内容、评价方式等的系统调节，正是学校教育中课堂教学的优势所在，而“最理想的二语和外语课堂是学习者学习愿望强烈、教师调节到位的课堂”，如图 4-2-1 中的第 2 学习环境。

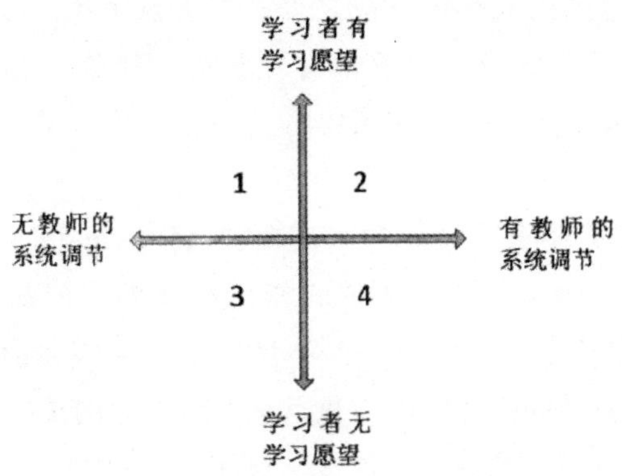

图 4-2-1　对 Instructed SLA 的定义（Loewen）

其二，“产出导向法”也汲取了信息加工认知理论关于有效输入的成果，在“促成”环节注重语言形式的教学。学界普遍认为对语言形式的显性教学虽不能改变语言习得的顺序，但能提高语言学习的效率。根据国内外学者的研究成果，频率、注意程度、学习或使用需要等是影响学习效果的重要因素。Schmitt 在这些影响因素的基础上提出了“参与”概念，认为在教学中，教师应该设法提高学习者对目标语言项目的参与度，以提升学习效果。“输入加工模型”也认为输入被理解只是学习者对意义的把握，在没有压力的情况下，学习者倾向于优先关注语言意义，而忽略语言形式，因此有必要培养学生的对语言的注意和“参与度”，促进语言的形式、功能与意义的联结是“产出导向法”发挥“促成”效果的关键。

在大学日语课时有限、学分被不断压缩的情况下，提高语言学习的效率是关键，强调教师在“驱动”“促成”和“评价”环节中的指导作用以及在教师调节下的输入性学习，是“产出导向法”相对于分析型教学法的两个优势，使“产出导向法”得以在有限的课堂时间内追求最优的教学效果。

（三）“产出导向法”与“任务型教学法”的区别

“产出导向法”与任务型教学法有诸多相似之处：首先，二者都与分析型语言教学的建构主义立场一致，采用交际活动作为教学的主要活动，都可以视为语言的使用。其次，二者都关注语言形式的教学。任务型教学法是综合型教学法与分析型教学法之外的第三条路径，即“分析型语言教学+语言形式教学”。其三，二者都有任务前、任务中和任务后的两个环节，“产出导向法”采用教师的视角将三个流程称为“驱动”“促成”和“评价”。

“产出导向法”与任务型教学法在教学流程的每个环节上都存在差异，其中最明显的有三个：第一，教师的作用存在差异。在任务型教学法的“任务中”环节是以学习者为中心，学生以小组形式自由表达，依靠小组互助完成任务，教师的指导作用不显著。“产出导向法”强调教师在整个教学流程的中介作用，尤其在“促成”任务完成的核心环节，教师须充分发挥“支架”作用，引领学生对输入材料进行选择性学习，要设计各种促成活动引导学生做中学、学中用。

其二，任务型教学法在任务后环节才关注语言形式，对学生产出过程中的语言形式问题进行补救性教学；而“产出导向法”对语言形式的关注贯穿促成的全过程，是在“学用一体”教学原则的指导下使语言的形式、意义和使用相连接，并最终促成产出任务的完成。

其三，二者在输入和产出的内容和形式上存在差异。二者都有听、读等输入材料，但任务型教学法只在任务前进行听、读等少量输入，输出多以口头讨论为主；“产出导向法”针对外语教学环境中的成人学习者，更注重对输入材料的学习，产出任务除了日常交际，还包括有一定难度的笔头任务。这可能与理论创立的本土学情相关，任务型教学法在二语环境中产生，可能更注重学习者日常交际中的语言使用；“产出导向法”立足于我国的大学日语教学现状，是在外语环境中针对大学生的外语教学，在输入、输出的难度和认知挑战性上有更大的需求。

如上所述，对教师在知识建构中的作用、对语言形式的关注度、对输入材料以及输出方式上的不同，是“产出导向法”与任务型教学法的最显著的区别。“产出导向法”针对我国大学日语教学的学情而建立，更适合我国本土的教学需求。任务型教学在我国实施过程中遭遇诸多挑战和难题。

三、产出导向法视域下的日语基础阶段教学

（一）中国高校日语专业基础阶段教学的发展趋势

日语教学向学术性回归和现实性回归两个方向发展是一个重要趋势。虽然是两个截然不同的方向，却有一个共同特点，这就是要完成转变，必须重新审视基础阶段的教学目标和任务。即“日语+X”中的 X 不管是学术性内容还是实务性内容，都离不开日语本身能力的提高，换言之，如果没有日语语言能力的提高，不确保日语水平达到一定高度，无论是学术性回归还是实务性回归均不可能实现。目前的教学计划中，一般来说四年学习的前两年重在夯实基础，后两年重在提高能力，扩展知识。但是由于要附加学术性或实务性教学内容、弥补第八学期由于论文写作等原因形成的事实上的课时不足等，必须重新思考基础阶段的定位。可行的方式应该

是，在基础阶段，通过计算机辅助教学、多媒体教学等手段，拓展教学的时间与空间，把一部分三年级教学的内容下移至基础阶段，使学生在 2 年内，夯实基础的同时，提高能力，以便在高年级阶段重点向两个方向拓展。利用两年的基础阶段教学，使学生用日语获取信息的能力和表达能力都达到相应的水准，在高年级阶段要保证两个转变，要解决的是如何通过日语学习更多的掌握学术或实务知识。

（二）日语专业基础阶段的教学改革

1. 基础阶段改革推行缓慢的原因

在践行国际化创新型人才培养的过程中，基础阶段改革的步伐略显沉重。原因主要有三：其一，受教材、课时、教师认知等主客观原因的影响，基础阶段日语课堂教学应以传统教学模式为主的意识仍普遍存在；其二，能够适用于基础阶段的（实例例句）资源库、多媒体、数字化学习平台等利用开发不足；其三，对基础阶段的培养工作，缺乏与时俱进的认识革新。

具体改革措施针对以上认知，结合自身改革的尝试，提出三点对策：其一，分析传统教学模式下，基础阶段日语教学存在的一系列问题并对症下药，同时部分课程在一定条件的保障下可植入以学生为主体的翻转模式；其二，基础阶段多媒体、数字化资源（平台）的有效使用可提高教学效果，应积极开发并推广；其三，基础阶段应以语言能力的培养为重心，同时还应多途径肩负起思维思辨能力、跨文化交际能力、中国情怀、国际视野、创新意识、实践能力的培养。以下依次进行展开论述。

对症下药，植入翻转。翻转课堂走进各类学科已成为一种趋势，而外语专业尤其是基础阶段课堂教育者对于翻转模式仍多抱有疑问或观望的态度。在日语教学中，翻转课堂的探索和实践推进缓慢。笔者认为，某种程度上学生对翻转模式及平台资源的接纳程度已经远远超过了教师的认知。面对正在到来的一场教育变革，外语教育者对现下新的教学模式和手段要“大胆尝试，有效保障”。比如，基础日语及日语视听说、阅读、概况等类课程，在充分的学习时间能得以保障的前提下，均可根据情况适当植入翻转模式。首先探讨《基础日语》课程。

传统教学模式下的一二年级的《基础日语》教学仍多为教师讲授语

法、教师列举例句、教师纠正造句、教师带领练习，即以教师为主导的课堂。此外，纵观教材，几乎所有的教材对语法项目采用的都是知识注入式的讲解，课后或配套练习册多为替换练习、语法填空练习和翻译练习。一直以来，这样的模式被认为在语言学习的基础阶段是最有助于帮助学生打下扎实语言基础的。笔者则认为，从学习规律的角度来看，在最初起步阶段以教师为主导的学习模式仍是值得倡导的，但在面向二年级学生的授课中，可根据学生水平（差异）、授课章节难易程度等，参照翻转课堂渐进式地导入以学生为主体的教学模式。笔者借鉴翻转模式，选取了部分课文进行了尝试，取得了一定的效果。以下将传统模式与笔者采取的新模式进行对比。

《教育教学论坛》2018 年 10 月第 42 期：外语教育者对现下新的教学模式和手段要“大胆尝试，有效保障”。比如，基础日语及日语视听说、阅读、概况等类课程，在充分的学习时间能得以保障的前提下，均可根据情况适当植入翻转模式。首先探讨《基础日语》课程。黄晓娟（2017）就教学模式方面存在问题指出：“教学模式始终以教师为中心，且专业教师仅关心传授并灌输知识。学生接受知识更加被动，所采取的学习方法仍是反复的训练与死记硬背。”的确，通过以上的改革，构建了以学生为主体、教师为引导的《基础日语》课堂模式，学生的积极性和自主学习能力有了很大的提高。与此同时，学生的语言交流能力、搜集筛选信息能力、表达能力、创意能力、思维思辨能力、协作能力、领导能力、文化理解能力也得到了全面的培养。这种模式新在三点：首先，课堂不再是教师面面俱到的讲解，而是有针对性地对重点、难点及错误处进行讲解；单词语法等不再是教师注入式地讲授，而是经教师引导启发后学生发挥主观能动进行思考后再吸收；而教学目标不再是单一的语言能力的提高，而是综合评价各种能力与素养。

视听说类课程教学要与基础日语课程紧密结合，这一点对于视听说翻转课堂能否取得预期效果也有着很关键的作用。基础阶段课堂上翻转模式的导入需要一定的条件作为保障：首先要求教师能够对学生学习的特点及规律有充分的认知和把握，这种认知和把握则基于一定的实际教学经验的积累，同时课程间也需要对信息（指学生学习情况，比如小到某一个具体的知识点的掌握情况）进行密切地交换共享；其次，启发性、开放性课题

（问题）导向是决定翻转取得成效的关键，比如学习新的语法项目时，区别以往的“喂食式”讲解，而采取设问引导学生通过实例观察归纳自主总结使用规律，可以很好地锻炼学生的语言思维能力和语感；再者，还需要教师对各类自主学习资源进行严格把关，指定具有规范性、代表性的素材供学生学习。

2. 建设与利用（实例例句）资源库、多媒体、数字化平台

在教育与信息技术日趋结合的当下，外语类课堂应当积极建设并推广运用（实例例句）资源库、多媒体、数字化等平台，尤其是可适用于学生自主学习的资源。笔者主要利用的有三种，首先是所在教学团队正在开设的在线课程，每个时长为 10 分钟左右；其次，微信公众号“综合日语”中的语法讲解视频；第三，还有笔者搜集整理并进行归类的各类平台上的慕课、微课等资源。根据内容情况，有的用于学生课前自主学习，有的用于推荐学生课后进行延伸学习。这类资源的特点是多为精讲、精练且形象生动，既有视觉输入又有听觉输入，与较枯燥的阅读式学习相比，效果更好。

通过微课、慕课和翻转课堂三者的高效整合和重构，对现存的外语教学进行比较彻底地改革，以提高外语教学效果。同时，笔者还制作了语法、词汇、表达相关的实例库和例句库资源库（基于报纸和小说、电视剧脚本、日语历年等级考试题库等），用于学生自主学习及教师启发引导，可以锻炼学生搜集处理信息的能力和思维思辨能力。另外，影视类作品脚本索引影像资源，便于情景输入式教学，在调动学生学习兴趣的同时，还可以增强学生的语感，加深学生对语言的理解。

3. 思维思辨能力、跨文化交际能力、人文情怀、国际视野、创新能力、实践能力的培养

前面讲到以新形势下的人才培养目标为指导，思维思辨能力、跨文化交际能力、人文情怀、国际视野、创新能力、实践能力的培养需要贯穿整个人才培养过程。首先，第一课堂应当将语言能力的培养与思维思辨能力、跨文化交际能力、人文情怀、国际视野、创新能力、实践能力相结合。今后迫切需要横纵双向探索在具体的教学安排中，通过何种环节在何种程度上锻炼何种能力。其次，创新型文化类课堂及实践的开拓，在培养这六种能力上也有着很重要的推动作用。日语专业的学生从第一学期开始通过这样的多文化融合课，思维思辨能力、跨文化交际能力、人文情怀、国际视野、创新意识、实践能力都会得到很大的提高。而从第二学期开始，学生可以选修《体验探究式日本社会与文化》《国际理解教育》等院级、校级公选课。多种形式的文化体验、赏析、探究、理解、交际类课开设在基础阶段，对于学生综合能力的锻炼和培养有很好的效果。

（三）产出导向法应用于日语专业基础阶段的优势

1. 教学主体

“POA”理论的“学习中心”说，区别于一直以来备受推崇的“以学生为中心”或“以教师为中心”说，即突出强调教学活动的有效性，一方面可以充分发挥教师在课堂上的导向作用，另一方面可以促使学生在“输入”和“输出”的过程中主动获取知识，修补外语知识的缺陷与缺失，不断地熟练外语技能。

2. 教学效果

我国大学日语教学存在重语言知识轻语言交际能力的弊端，其实这是我国外语教育存在的普遍问题。“POA”强调学用一体化，即“一切语言教学活动都与运用紧密相连，做到‘学’与‘用’之间无边界、‘学’与‘用’融为一体。”改变传统教学中“学”与“用”脱节的问题，是外语教学改革的重中之重。以“输出”为教学目标的课堂教学，不但可以过滤掉与“产出”无关的“惰性知识”，并且可以通过小组讨论、个人展示、情景模拟等教学形式促使学生开口说外语，达到即学即用的教学效果，克服学而无用、学而不用、学用脱节的弊端。

3. 教学目标

基于“POA”的教学，“输出”与“输入”既是关键也是核心，而且“‘输出’比‘输入’对外语学习的内驱动力更大。输出驱动不仅可以促进接受性语言知识运用，而且可以激发学生学习新知识的欲望；就教学目标而言，培养说、写、译表达性语言技能更符合社会需求，因此，说、写、译表达性技能为显性考核目标，听、读接受性技能仅为隐性目标；根据社会就业的实际需要，学习者可以从说、写、译中选择一种或几种输出技能作为自己的学习目标。”教与学的有机结合、学与用的同时进行，促使教与学的效果都非常明显。

4. 人才培养

“POA”理论的“全人教育说”更关注高等教育的人文性培养。“有利于学生树立正确的世界观、人生观和价值观；有利于培养学生中外文明沟通互鉴和传播中国文化的能力。”这一人才培养目标符合国家《本科专业类教学质量国家标准》对新世纪外语人才培养的要求，旨在培养学生的思辨能力、跨国际交流能力，更加注重文化涵养的培养。为此，“POA”在教学环节中提出了三个假设，即“输出驱动假设”“输入促成假设”“选择性学习假设”；在具体的教学过程中通过“驱动”“促成”“评价”等环节实现预期教学目标、强化学习效果，达到综合人才培养的目的。

第五章　多媒体背景下日语混合式教学模式与技术的创新

当今社会已经步入信息时代，随着技术人才培养改革的不断深入和计算机的普及，传统的教学方式已不能适应学生学习多样化的需要。一方面传统的教学方式在激发学习兴趣，实现因材施教，培养创造性思维能力等方面的缺陷日益明显，另一方面也为推进教育在教学理论、教学思想、教材内容、教学手段、教学方法等方面的改革创造了良好的机遇。

代表着信息革命的网络技术和多媒体技术的发展，推动着现代教育向多维化、智能化、个性化、广域化的方向发展，引起了人类思维方式和学习方式的变革，对教育的各个方面都产生了深远影响。基于此，本章对多媒体日语教学技术的应用展开详细论述。

第一节　多媒体技术在日语课堂的应用

一、多媒体教学与技术

（一）多媒体的相关概念

1．媒体和多媒体

媒体是指传递信息的中介物，具有传递、记录、存储和处理加工信息的功能，即媒体具有两层含义：一是承载信息的载体，如数值、文字、声音等，二是存储与传递信息的实体，如书本、录像带、计算机软件等，可见：教科书、仪器、挂图、模型、标本、计算机等都属于教学媒体。在教与学的活动过程中所采用的媒体称为教学媒体，它是指在传播知识、技能和情感的过程中，储存和传递教学信息的载体和工具。现代教学媒体都与“电”有密切的关联，所以又称为电化教育媒体。

多媒体是指利用计算机技术和视听技术将文本、声音、图形、图像、动画、视频等两种或两种以上的信息加以数字化，并进行组合、处理和控制，通过人机交互式操作向用户提供所需信息的计算机集成环境。多媒体，顾名思义，即多种媒体的组合，将多种媒体资源整合在一个系统中，应用于教学，对于改变传统教学模式，激发学生学习积极性，提高课堂效率等方面都有显著的作用。随着计算机的迅猛发展，“多媒体”一词已经不仅仅是指多媒体信息本身还包括以计算机为主的处理和应用多媒体信息的相应技术，因此，近年来，“多媒体”常被当作“多媒体技术”的同义词。

2. 多媒体技术

多媒体技术是20世纪80年代中后期兴起的一门计算机高新技术，它使计算机从传统的单一处理字符信息的形式，发展到能同时对文字、声音、图形、图像等多种信息进行综合处理和集成的多元形式，使电脑由无声世界进化到有声世界，由静止画面效果进步到动态全屏幕活动效果。多媒体技术的发展改变了计算机的使用方式，使计算机由办公室、实验室中的专用品转为信息社会的一员，广泛应用于工业生产管理、学校教育、公共信息咨询、商业广告、军事指挥与训练甚至家庭生活与娱乐等领域。

3. 多媒体辅助教学

多媒体辅助教学是指在教学过程中，根据教学目标和教学对象的特点，通过教学设计，合理选择和运用现代教学媒体，以多种媒体信息作用于学生，形成合理的教学过程结构，达到最优化的教学效果。

在电子计算机问世之初，就有人设想把它用于教学。现在一般把计算机在教育领域中的应用统称为计算机辅助教育，即“CBE”。计算机辅助教育教学可以分为两个方面：其中的一个方面是计算机辅助教学，即CAI，它指的是用计算机帮助或代替教师执行部分教学任务，传递教学信息，对学生传授知识和训练技能，直接为学生服务；另一方面是计算机管理教学，即CMI，它指的是用计算机管理和指导教学过程，帮助教师进行测验构造与评分，进行教学计划管理，教学资源调度等，直接为教师服务。其中，CAI技术作为一种利用计算机的教学形式，与传统的教学有显著的区别，它弥补了传统教学的不足，改变了几百年来"粉笔—黑板"的传统课堂，给人以耳目一新的感觉。

4. 多媒体课件

随着计算机技术的不断发展，多媒体教学已经步入多数课堂，成为现代教育技术的重要组成部分，它通过计算机实现多种媒体的组合，以音、像、图、影等形式展示给学生。多媒体教学中，多媒体课件为最基本、最有效、最直接的媒体工具，制作合理的课件对课堂教学起着关键的作用。

课件就是根据新课程标准的要求，经过对教学内容特点及学生特点的分析，确定教学目的及教学策略，明确教学任务，设计教学活动结构及界面等环节，而加以制作的计算机辅助教学使用的课程软件，它与课程内容有着直接的联系。多媒体课件利用了多媒体技术，按照教师的思路和联想思维方式，以课本知识内容为基础，选择合适的教学方法，并能够针对本节课的教学重点和难点，有目的地编排和整理组织教学素材，为教师的课堂教学提供了极大的方便，也极大地改善了传统课堂教学。目前教师讲课课件多以Power Point幻灯片为主。Power Point的编辑界面简单，采用线性的编辑页面，具有丰富的表现手法，而且页面直观简洁。Power Point内置大量各种类型的模板和丰富的背景，教师可以非常方便地利用这些模板及背景，制作符合教学需要的个性化教学软件。用Power Point制作的课件结构分明，即时制作，即时显示，即时修改。由Power Point生成的PPT文件，在打包以后还能根据需要随时修改和补充，在课堂上教师使用起来非常简单方便。

（二）多媒体的发展

1. 多媒体技术的发展

自20世纪80年代开始，多媒体技术开始应用于实际生活，并逐渐成为人们关注的热点。随着计算机技术的发展，多媒体技术随之迅速发展，应用广泛，给人们的日常生活、工作方式带来了巨大的变革。多媒体具有图形、影像、音频等特点，将其应用于教育领域，会给教育带来全新的转变，是对传统教育手段的一大革新，必然会对教育教学产生深刻的影响。

20世纪90年代以来，音、视频领域内的技术革新将多媒体技术的应用范围继续拓展，多媒体迎来了划时代的发展。数字化技术的发展将人类社会带入新的领域，人们以更快的速度传输文件，以更广阔的网络空间共享资源，数字压缩将大量的信息更方便地保存，人类和计算机的关系越来越密切，正是在这种技术发展的背景下，多媒体技术不知不觉地走进了我们的生活。多媒体改善了人类信息的交流，缩短了人类传递信息的路径。应用多媒体技术是20世纪90年代计算机应用的时代特征，也是计算机的又一次革命。

2. 多媒体教学的发展

在多媒体技术不断更新和发展的环境下，越来越多的教育工作者开始把多媒体技术应用到自己的课堂教学中，利用多媒体来完成教学工作。伴随着多媒体技术的不同发展时期，多媒体课堂教学也有不同的特征。

早期的多媒体教学以试听教学为主，以直观性为基本原则，以“教会”为主要目的。虽然也是以媒体的形式出现，但其实质类似于传统课堂教学。另外一种形式是计算机辅助教学，它的特征为：以交互性为基本教学原则，以软件为主要表征，软件成为衡量计算机辅助教学质量的主要指标。

20世纪末，微型计算机和人工智能技术迅速发展，教育体制改革的力度不断加大，运用现代教育技术成了各个教育领域关心的大事，多媒体技术应用于教学成为教育发展的必然趋势。多媒体软件不断翻新，各种各样的计算机辅助教学系统日益完善，多媒体教学的形式也变得越来越丰富，以往的投影仪、幻灯片开始被电子白板所替代，教学效率得到了进一步的提高。另外，随着网络技术的不断发展，多媒体技术与网络技术相结合，一种全新的多媒体网络教学模式正在迅速形成和发展。

（三）多媒体技术与教学的关系

所谓教学效率，是学生的学习收获与教师、学生的教学活动量在时间尺度上的度量，它必须以教学目标为依据。一般认为教师完成一定的教学任务，学生完成一定的学习任务，所用的时间越少，说明教学效率越高；在一定的时间内（如一堂课内），学生学习的内容越多，学生的收获越大，教学效率越高。教学效率的提高有赖于先进的多媒体教学手段。多媒体技术实质是一个处理和提供文、图、声、像等多种信息的计算机系统，是一种新型的现代教学媒体，有着传统媒体无法比拟的优势。由于多媒体技术本身所具有的优势，将多媒体技术充分运用到教学中，利用多媒体技术改革传统的教学方式，多媒体技术提供了生动的图片、动画、语言及大量的信息，这些都极大地提高了教学效率。

良好的教学效果离不开现代化的多媒体教学方法。多媒体技术辅助教学的教学方法是视听结合，兼用形、像与声音来呈现教学内容，更容易吸引学生的注意力，使学生的学习达到最佳效果，而传统媒体呈现内容的方法单一，教学方法趋同。多媒体技术辅助教学的现代教学模式改变了传统教学模式，利用多媒体技术的多维性、集成性、交互性、实时性等特征，在教学中便于学生理解、记忆，从而获得良好的教学效果。

运用多媒体技术能够提高教学效率与效果，但影响教学效率、效果的因素是多方面的，而且对多媒体技术设备的投资要求相对较大，因此如何从整体上、全局上提高教学效率、效果是我们所关心的问题。我们要探讨的是通过多媒体技术如何提高整体教学效率与效果。

二、多媒体教学研究现状

（一）国外研究现状

1995 年末，在国际信息界有一件最引人注目的大事，就是美国 SUN 公司在 Internet 上推出了“WWW 浏览器 HotJava”，这是 SUN 公司用 Java 语言开发的一种全新的可动态执行的浏览器。其突出特点是具有动画功能，可向用户提供超文本格式的图形、图像、语音、动画与卡通等多种媒体信息；并能把静态文档变成可动态执行的代码，这就彻底改变了 Internet 浏览器只能用来查询检索 Internet 网上信息的状况，为 Internet 的教育应用开辟了新的广阔前景。这是因为 HotJava 的动态可执行特性无异于赋予用户一种远程交互的功能。显然，这样一种交互功能和用第一代 Internet 浏览器只能观看静态页面的效果相比是有本质不同的，它对于教育应用（尤其是远距离教育应用）具有特别重要的意义。可以说，HotJava 的出现是 Internet 浏览器的“教育革命”。他们认为，世界化、信息化时代的到来，意味着世界从产业文明时代进入一个新的文明时代。在这个新时代，国民的学习能力、创造能力是决定性因素，而培养这些能力的关键正是取决于教育技术的改革。

直至近年来，随着多媒体技术和网络技术的日益发展，建构主义学习理论成为现代教育的又一趋势，并逐渐引起人们的广泛注意，按照建构主义学习环境进行教改试验研究的学校也日渐增多。近年来建构主义学习理论在西方尤其是在美国有较大的发展，加上网络技术与多媒体技术的迅猛发展使多媒体教育应用与Internet网进一步融合，而网络又为“协商”“辩论”“会话”这类教学模式的应用提供了最理想的条件（可不受时空和地域的限制），这样就使建构主义学习环境更趋完善，建构主义学习理论也就日渐风行。当然，这不等于说建构主义学习理论能解决学习领域的一切问题，但是就认知领域的教育目标而言，借助多媒体技术（若有条件还可结合网络通信技术）实现的建构主义学习环境，确实非常有利于学生认知结构的形成与发展。这是值得我们国内教育界认真思索与借鉴的。

（二）我国研究现状

目前，我国各高校都在开展多媒体教学及网络教学，从整个发展过程来看可以分为三个时期：

第一时期（20世纪80年代初期至80年代末期），计算机应用普及化。学校教育中大力开发和运用现代教育媒体，特别是高校，计算机应用获得了快速发展。主要任务是：培养学生对计算机教学的兴趣和意识，让学生了解和掌握计算机基本知识和技能，了解计算机技术的发展及其应用对人类日常生活和科学技术的深刻影响。

第二时期（20世纪80年代末期至90年代末期），计算机辅助教学与计算机辅助管理，主要是运用专业的教育软件和教育教学管理软件，把计算机作为一种工具，将计算机与教育教学相结合；教育软件由专业的软件公司开发；计算机辅助教学由以教师为中心的模式发展为以学生为中心、突出学生主体的信息化教育，即将信息技术整合于各学科课程与教学之中；此时的教学方式以教学软件为主，整合各种教育教学资源，与第一时期的硬件实现有所不同。

第三时期（20世纪90年代末期开始），重点是网络教育，发展方向是建立多媒体电子教室：对学生提供网络教学课程，建立网上教育资源库；研究基于网络的教学模式；探索基于网络的研究性学习。

不可否认，我国的多媒体教学还处于初级阶段，高校在开展多媒体教学及网络教学的过程中还存在着一些问题和不足，主要表现在以下四个方面。

（1）部分教师对多媒体教学及网络技术认识不足，他们对计算机和多媒体教学及网络教学的相关理论知识和科学技术只限于泛泛了解，对其深远意义的理解比较粗浅。有些教师专业水平、知识层次很高，但是计算机知识不足，对运用计算机制作电子讲稿和教学软件怀有畏惧心理，信心不足。

（2）虽然学校的领导已经认识到多媒体教学的重要性，但是由于一方面扩大招生，即使增加教学投入，教学资金仍旧不足；另一方面是由于多媒体及网络技术所需的资金投入量比较大，以多媒体教室为例，要建五个，至少要五六十万元，而网络方面的资金投入就更大。

（3）运用熟练程度参差不齐。有些教师对多媒体及网络技术掌握得非常熟练，用相应的先进教学设备为不同的教学内容提供了恰当的媒体形式，课堂上设备运用自如，课堂活泼愉快，信息量大，信息的质量高，教学效果非常好。但也有些教师还处于摸索时期，虽然有课件，做了电子讲稿，但操作不熟练，表现在课堂上，设备出现小故障时就会束手无策；或者课堂上教师完全成了操作员，忙着键盘录入，开启仪器，教学内容间断衔接不好，教师与学生之间缺乏交流，课堂教学组织无序。

（4）设备维护不够及时。多媒体及网络技术在学校还处在起步阶段，设备维护人员的技术水平不成熟，有时在设备出现故障时，不能及时维护，影响正常教学。

三、多媒体教育的发展趋势

综合近年来国外多种教育技术杂志以及历届“教育多媒体与超媒体”世界大会。简称 ED · MEDIA 世界大会，这是国际上每年召开一次的规模最大的有关多媒体教育应用的国际会议。会议上所发表的基本观点，可以看出当前国外多媒体教育应用有以下几个值得注意的热点课题和发展趋势。

（一）多媒体技术与仿真技术的结合

多媒体计算机和仿真技术结合可以产生一种强烈的幻觉，使得置身其中的人全身心地投入到当前的虚拟现实世界中，并对其真实性丝毫不产生怀疑，通常把这种技术称之为“虚拟现实”（Virtual Reality，VR）。换句话说，虚拟现实是由多媒体技术与仿真技术相结合而生成的一种交互式虚拟世界，在这个虚拟世界中可以创造一种身临其境的完全真实的感觉。要进入虚拟现实的环境通常需要戴上一个特殊的头盔，它可以使你看到并感觉到计算机所生成的整个虚拟世界。为了和虚拟环境进行交互，还需要戴上一副数据手套——它使穿戴者不仅能感知而且能操作虚拟世界中的各种对象。

休斯敦大学和NASA（美国国家航空和宇航局）约翰逊空间中心的研究人员建造了一种称之为“虚拟物理实验室”的系统，利用该系统可以直观地研究重力、惯性这类物理现象。使用该系统的学生可以做包括万有引力定律在内的各种实验，可以控制、观察由于改变重力的大小、方向所产生的种种现象，以及对加速度的影响。这样，学生就可以获得第一手的感性材料（直接经验），从而达到对物理概念和物理定律的深刻理解。

由于设备昂贵，目前VR技术还主要应用于少数高难度的军事和医疗模拟训练以及一些研究部门，但是在教育与训练领域VR技术有不可替代的非常令人鼓舞的应用前景，所以这一发展趋势也应引起我们的注意。

（二）多媒体技术与人工智能技术的结合

多媒体技术与人工智能（AI）技术的结合，除了体现在对多媒体教学系统引入学生模型和知识推理机制以外，还可体现在设法使多媒体知识库中的导航机构实现智能化。用超文本技术组织起来的多媒体知识库具有符合人类联想思维，便于阅读、浏览、查询等诸多优点，但也存在容易“迷航”的缺点。在一般的多媒体系统中，“导航器”只是起到了指示当前节点在整个知识网络中所处位置的作用（通常用流程图方式给出该节点的一系列前趋节点与后继节点），以便引导读者由知识网络中的当前节点转向目标节点。若是“智能化导航器”则不仅具有上述导航功能，还可根据学生当前的知识基础与水平，在该节点处向学生建议一条或几条最适合该生继续浏览或查询的路径；另外，在浏览过程中，当学生遇到困难时，该浏览器还能起“智能代理”的作用，对该生进行帮助，这些帮助包括：替学生查询有关资料；以学习同伴身份和学生进行平等的讨论以加深学生对某个问题的理解；以指导教师身份对学生的错误进行必要的指导以便使学生少走弯路。

四、多媒体背景下的日语课堂模式转型

（一）传统日语课堂教学模式的必要性

传统日语教学是相对于多媒体教学而言的。提到传统日语教学，很多人很自然地把它和“注重认知、灌输、封闭；灌入式、填鸭式；一支粉笔、一块黑板、一本书”等这样的词汇联系在一起将其完全否定。这些词主要反映了传统日语教学的缺点：第一，费时、费力、效果差；第二，信息量受到限制；第三，媒体单一，很难调动刺激学生多种感官。但人们的否定也反映了对传统日语教学的认识偏差。

在日语教学实践中，尽管有多媒体教学的应用，传统日语教学仍然有其存在的空间和必要性。

第一，日语教学主要服务于考试。教学质量是对教师在课堂教学评价中的主要依据之一。成绩，即终结性评价的结果，是对教师评价的一个手段。所以，这是日语传统教学存在的主要原因。课堂教学是我们的强项，用传统模式进行教学，学生日语水平同样能达到标准。

第二，多媒体课堂日语教学并不能完成所有的教学任务。例如：日语课堂简单的课堂用语“**始めましょう**”“**終わりましょう**”“**休みましょう**”或是师生之间的口头交流，我们可以没有多媒体，但不能没有教师，媒体总是处于被支配的地位，它是教师教学活动的辅助设施，而不能反客为主；教师是为了教学而使用它，而不是为了它而教学，是否使用多媒体应取决于日语课堂教学的需要。日语教学应该从学生的实际出发。例如，日语教学中的“背诵”是一项好的传统。不论在什么教学方法下，都应该坚持，它在为学生大脑中日语的储备打下坚实的基础。还有，日语教学中行

之有效的“汉译日”或“日译汉”，学生做阅读、练习听力，讲套题等。教学应该实事求是，从学生实际出发，不能丢掉教学中的一些优秀做法。师生间、同学间的口头交流是培养学生听说能力的好方式，它是计算机所不可替代的。日语是一门实践性很强的学科，必须通过师生之间、学生与学生之间大量的日语交流活动，才能培养学生的日语交际能力。Mc Andrew 断言：“不练习和加强对话功能是不可能进行有效的语言学习的。”

第三，从教师发展来看。在传统教学中，如何把课本上的文字变为有声有色的讲课内容，教师是需要下一番功夫的。在授课时，由于没有太多的先入为主，教师完全可以结合自己的经验和教学实际，声情并茂、灵活多样地进行教学，充分展示教师的个人风采和教学这门艺术的魅力。传统日语教学更有利于教师对教材深层次地挖掘。

（二）多媒体日语课堂教学模式

1. 多媒体日语教学的发展历史

随着教育信息技术的发展，网络教学已成为世界教育信息化进程的一大标志，并引起了广泛的重视。在教育信息技术大发展的时刻，我们应当清醒地认识到教育技术的发展从简单的语言实验室，到多媒体的语言学习系统，从单机到网络的发展，从计算机到 Internet，www 以及计算机网络、电视网络与卫星通信的整合发展，应当说对教学及其改革是一次大的飞跃，是一次高速高质的飞跃。这次飞跃的明显特征不仅是计算机与计算机的联网，而且是全人类智慧大脑和计算机、卫星通信的“联网”，是人脑智能的延伸，是世界文化的荟萃。它的发展必将影响教育的方方面面，也必将向教育提出种种挑战。

计算机的普及和广泛应用，使计算机辅助语言教学（CALL，Computer Assisted Language teaming）扩展到了外语教学的听、说、读、写等各方面。现代教学技术的运用，旨在使受教育者能高效率地获取知识、运用知识、加速学习进程。我国的计算机辅助日语教学的研究始于 20 世纪 80 年代初期，80 年代末 90 年代初得到迅速发展。现在全国各地都有从事这方面工作的人员和自行研制的软件。2002 年北京日本学研究中心创建的中日对译语料库，是近几年来国内日语学习者使用较多的语料库；大连理工大学软件学院日语实验室创建了日语文本语料库 JTCH；上海外国语大学外语系与上海外语教育出版社联合出版了附光盘 mp3 的《新编日语》；外语教研出版社研制了“新世纪日本语教程”光盘系统；高等教育出版社研制出了《新大学日语听力与会话》多媒体配套教材等。这些研究项目和开发成果都证明我国高校计算机研制技术的发展与提高。1994 年 3 月在天津召开了全国计算机辅助语言教学专业委员会（CALLAC）筹备会议。同年 8 月在杭州召开的首届全国计算机辅助语言教学专业委员会成立大会暨学术报告会，标志着我国 CALL 的研究进入了一个崭新的时代。2001 年在广州召开了全国计算机辅助语言教学大会进一步显示了 CALL 在中国教育领域所发挥的作用和成果。其后，计算机网络与多媒体技术的结合，成为创新的教学手段并逐步在高校中得到推广。虽然从刚开始的试点方式到最终达到它的目的还需要一定的时间，但实践证明网络多媒体日语教学适应当前和今后的发展趋势，必将得到进一步发展和完善。

2．多媒体日语教学的特点与优势

现代信息技术的飞速发展正在深刻地改变着我们的学习环境和知识的建构模式，尤其是互联网的兴起更是为计算机辅助教学提供了无限的空间，网络日语教学就是将网络资源和日语教学有机结合起来的一种新尝试，它以校园网和互联网所提供的多媒体环境为背景和素材，将计算机和网络等现代信息技术整合到日语教学中，利用网络优势把日语教学移植到校园网和互联网上进行的新型教学模式，创造性思维理论和建构主义理论是多媒体网络教学的理论基础。

（1）多媒体日语教学的特点

网络日语教学是多媒体教学的最高层次。在网络环境下，网络自身就是一个生动丰富的背景课堂，它不仅为每个学生提供个性化的学习空间，让学生能动地、自主地学习，而且网络的互相依赖又为学生们协作学习和互相配合提供了前提；教师也可以利用网络资源为课堂教学创设形象逼真的环境、动静结合的画面、声像同步的情境，通过巧妙的启发和引导促成学生在头脑中自行完成知识的建构。

多媒体网络环境下的日语教学具有以下特点。

①开放性。网络是一个巨大无比的资源库，比起教师事先编制的课件和印刷型的课本本身，它具有全方位的开放性。首先，它的资料是动态的，处于即时更新的状态，它推出的往往是最前沿、最流行的学习素材；

其次，它的资料丰富多彩，涵盖了社会的方方面面，为师生双方都提供了很大的选择余地，有利于培养学生的自主学习能力：第三，它的资料形象生动，图文声并茂，很容易吸引学生的注意力和激发学习兴趣。因此，网络日语教学将教室扩大到了有“信息海洋”之称的互联网上，网络成为学生学习日语的一个组成部分，这是一种真正意义上的开放性日语教学。

②创造性。网络日语教学选定互联网的某一站点或校园网的某一资源库作为学生取舍的素材来源，而对素材的选择、组拼、融合、消化、转换则是学生们发挥想象力和创造力来完成。学生们根据自己的喜好选择各自钟爱的素材，然后用自己语言对它进行描述，查询自己感兴趣的相应素材对它进行匹配、补充、加工，最后沿着自己理解的模型和思路形成各自的“作品”，再用Email或其他数字化的方式将自己的“作品”发送到教师的信箱中；教师则可以立即打开学生的电子邮件当场进行点评，并让学生以朗读、游戏或表演的方式深化所学的知识内容。在这个过程中，教师一直只担任导航员的角色，而学生则是真正的“船长”独立地在网上“冲浪”，每个学生的积极性和创造性都得到了充分的体现。

③认同性。网络日语教学是一种以学生为主体、以教师为主导的全员参与的“双主”模式，事先没有固定的教材，在教师的引导下，每个学生都将老师精心挑选的素材个性化地加工成了一篇短小的课文，也就是说，学生们在自己学习自己利用网络环境和资源编制成“教材”，毫无疑问，学生对自己成果的偏爱和认同是任何统编教材都无法比拟的，因此，网络日语教学使学生对所学的内容产生强烈的认同感，学习积极性和学习兴趣空前高涨。

④形象性。目前的多媒体日语教学往往是教师利用各种课件为学生提供逼真的视听环境，通过视觉和听觉的组合优势提高教学效果，而网络日语教学则更上一层楼，它无须人为地创设一个多媒体环境，因为网络本身就是一个真实的多媒体世界，学生们进入自然真切的情境中进行日语学习，可以身临其境地体会到网络世界的无穷魅力，而且现学即可现用，检验学习效果，生动形象的网络空间使置身其中的学生们兴致盎然，学习效果自然事半功倍。因此，网络日语教学打破了虚拟视听环境和真实多媒体世界之间的壁垒，使学生们的日语学习更加轻松愉快。

（2）多媒体日语教学的优势

在我国，网络多媒体技术被广泛应用于大学日语教学，是大学日语教学改革中重要的一步，在很大程度上优化了日语教学资源与教学环境、教学过程与教学目标，提高了学生的学习效率和教师的学习效果，从而被广大院校普遍地认可和重视，它的优势主要体现在如下几个方面。

①多媒体技术能提供文字、声音、动静态图像一体化的界面，教师可灵活地切换教学中所需要展示的内容，这使得课堂教学内容变得更逼真、更充实、更具形象化和吸引力。网络资源取之不尽、用之不竭，学生可以从网上查阅或下载与学习内容有关的资料，如文化背景知识、学习参考资料、图片等，也可利用局域网提供的平台和主机提供的软件进行自主听、说训练，提高听说能力。可见，多媒体网络教学所提供的信息量和影视效果是传统课堂无法达到的，也是无法比拟的。

②日语课程从本质上来说是一门技能训练和实践课，它强调学生进行大量的语言技能强化训练和语言实践活动。建构主义认为，知识不是通过教师传授得到的，而是学习者在一定的社会文化背景下（一定的情境），借助其他人（教师和学习伙伴）的帮助，利用必要的学习资源，通过意义建构方式获得的。因此，教师应借助多媒体网络为支撑的教学平台，创设符合教学内容的真实情境，让学生有内容可听、有话可说，使其语言能力在实践中得到锻炼提高。此外，学生在课外也可点击网上的日语电影、电视台播放的日语节目等，也可在网上与教师或英美人士进行交流，从中获取大量的语言信息和实践机会。可见，多媒体和网络日语教学这方面的独特功能，也是传统教学替代不了的。

③多媒体网络日语教学能体现“以人为本”的教学思想，有助于学生的个性化学习。多媒体网络教学打破了传统日语课堂教学模式的时空界限，构建了一个无限开放的教学空间。学生不再受课堂教学时空的束缚，可在任何时间、任何地点借助电脑光盘课件和网络进行自主学习，遇到语言难点还可反复学习，直到弄懂为止。学习的时间机动可长可短，由自己灵活掌握；学生还可根据自己的水平和实际情况自由选择不同级别和水平的学习内容，自己哪方面比较薄弱。学习时可有所侧重，既可训练听说、词汇语法，也可训练对课文的理解能力等。再者，学生还可通过测试软件提供的信息反馈，了解自己的学习成绩和学习中存在的问题，以便及时调

整自己的学习内容和进度，改进学习方法，确保如期达到自己的学习目标，从而从真正意义上体现“因人而异，因材施教”。

④日语教学多媒体课件及网络系统多由重点大学的日语教授和专家研制开发。就目前所推出的网络版多媒体教材和课件而言，它们博采众长、优势互补、各有特点，体现了先进的日语教学理念和教学理论，是优秀的教学经验的集成。普通院校的学生都能从中得到最好的日语资源，接受最好的日语专家指导，享受到名牌大学的精品课程。这样，年轻教师经验不足，老教师退休可能带来的教学质量下降等问题便有望得到解决。

⑤就多媒体教学课件和网络系统的功能而言，它们有利于解决因扩大招生所带来的教师短缺、大班上课的问题，在教学课时十分有限的情况下，教师根本无法在课堂上顾及学生听说训练的时间和强度，致使学生听说技能难以提高。而听说方面的软件则可弥补这方面的缺陷，教师可布置和要求学生利用这些软件在课外进行“大运动量”的技能自我训练。

⑥多媒体网络教学能促使教师更新教育观念。在传统的日语教学中，日语教师的角色是“传道、授业和解惑”，在“满堂灌”和“一堂言”的教学模式下，教师完全忽略了以学生为主体、师生互动的教学原则，而以多媒体网络技术为支撑的日语教学模式打破传统的日语课堂教学模式，使传统教师角色和教学模式受到冲击，教师的角色将从单纯的传授知识为主转变为设计教学为主。这一变化要求教师要审时度势，更新观念，树立适应形势和社会发展的外语教育观、知识观和人才观。教师的角色也将由原来的教转到导上来。教师不再是“权威的领导者”，而是课堂教学活动的“设计者、指导者、合作者和帮助者”。多媒体网络模式的应用和教师角色的转换，反过来必将促使教师努力地学习新的教学理论、教学方法、多媒体网络技术、课件制作等方面的知识，这对推动和促进大日语教学改革无疑是十分有益的。

五、多媒体日语教学中教师的角色定位

（一）引导者、促进者与合作者

在大学教学中，正是由于多媒体辅助教学的出现，教师在教学中的作

用从传统的知识权威转变成学生学习的辅导者和合作者。学生在真实的语言情境下，利用社会性的交互作用和已经获得的学习资源，可对知识进行积极有效的建构。学生的学习在多媒体教学环境下得以实现，这一学习模式特别适合实现建构主义学习环境。学生的整个学习都是处于建构意义的过程之中。在学生面对丰富的超文本学习资源以及老师布置的相关任务的时候，他们可能会显得不知所措、无从下手，因此老师应积极地站在较高的高度来引导学生的学习过程。教师还要引导学生去克服在听说训练过程中产生的种种不利的心理因素，帮助学生了解所使用的教学软件里面的内容、特点和使用方法，并且对学生通过多媒体进行学习给予方法上的指导。其次，在多媒体教学过程中，教师应成为学生的引导者和合作者，随机应变地进行师生交流、生生交流和人机交流，以学习者已拥有的知识结构为基础，有选择地接受外在信息，根据具体实例的变异性来构建当前事物的意义。另外，通过网络多媒体，教师还可以了解每个个体的学生，对他们实行个别指导。教师还可查看学生之间的交互情况，去发现学生的个体差异，有目的地提供人性化的帮助与疏导。教师应该尽量创设良好的语言环境，有意识地培养学生的学习意识，不断激发学生的学习动机，为学生提供自主学习、相互交流的机会，帮助他们确定正确的学习目标、制定切实可行的学习计划，让学生学会自我监控和自我评估学习过程，学会灵活地运用多媒体及其所包含的信息资源，形成具有个性的学习方法和风格，促进学生的自主学习。只有老师加以正确引导，才能保证学生能取得自主学习的良好效果。

（二）设计者、开发者与管理者

众所周知，在多媒体教学环境下，尤其是某些网络日语教学网站上分享了大量的有关学习日语知识的信息和资料，但这么多的信息并不等于学生就可以不加选择地照单全收，在这种情况下，就需要教师有选择地对这些素材和资料进行整理、加工，再设计和安排合理的教学计划及教学任务。在多媒体教学环境下，教师在设计每一个课堂教学活动的过程中，都要注意教学活动设计的基本原则、基本特点、范围以及种类。教师以学生原有的知识基础、兴趣和生活经验为出发点，对课堂教学活动的设计一定要有助于发挥学生的想象力和创造力，要有利于学生日语知识的学习、语言技能的发展和实际运用语言能力的提高。在多媒体教学环境下，日语教师应当充分利用现代教育技术，开发日语教学资源，拓宽学生学习和运用日语的渠道，提高其学习效率。在某种程度上，教师担当起开发和利用日语课程资源的职责。在实际教学活动中，教师应当遵循 Stephen Krashen（斯蒂芬·克拉申）倡导的“i+1”（i 为现有水平，1 为略高于 i 的水平）理论来进行教学活动的管理。教师的讲解过程中应当保持恰当的节律，为学生提供感兴趣以及与他们有关的最佳节律的信息输入，而且这些输入还必须十分简练，能够让学生能很快理解，防止学生焦虑状态的出现，以使教学效果达到一个良好的状态。同时，教师还要适时地管理学生的课堂学习，督促那些没有学习积极性的学生，鼓励对日语学习有兴趣的学生，帮助学生在众多拥挤的信息流提取对学生自己学习有帮助的信息。

（三）组织者和协作者

意义构建是整个学习过程的最终目标，所要建构的意义在于事物的性质、规律以及事物之间的内在联系。建构主义认为，对于知识意义的建构来说，周围环境与学习者的相互作用起着非常关键的作用。学习者主动构建意义的结果知识，这是一种意义的建构，它具有情境性和个人性。因为正是环境和学习者两者的具体互动创造了知识，所以环境和学习者这两个因素对于建构主义来说都是非常重要的。也就是说，学习者知识的主动构建与语境构建过程是互动的，两者相互作用使得知识与语境达到新的构建。这一理论具体到日语学习上来说，无论是语言技能还是语言知识，都要靠学生自己积极主动地去学去练，只有这样才会在日语学习上有长进，日语教师的作用只能是引导和协作而不能包办代替。

在多媒体教学环境下，教师对课堂良好的组织、学生对课堂活动的内容、方式和目的的理解等因素决定着日语课堂活动的成功与否。在多媒体教学模式下，教师的组织作用表现在三个方面：（1）教师根据实际教学情况和学生的知识水平，为学生筛选合适的学习资源；（2）教师根据课文给学生布置题目、分配任务、组织学生在线学习；（3）组织学生利用图书馆资源和网络资源有目的地查阅资料，撰写论文，还可以在课堂上开展讨论、演讲，把日语课上好上活。在教学过程中，教师应该做好多媒体网络设备的安排和使用管理，了解并帮助学生提高多媒体网络技术的运用能力。同时，正是因为课内外信息量的增加，在多媒体教学环境下，学生自主程度的不断提高，各种各样的新问题和不可预知的矛盾也随之出现。所以，大学日语教师要成为课堂教学的组织者，其组织能力必须不断提高，既要组织好自己的讲授和课堂行为，还要组织好学生的学习活动，要激发学生对日语的学习动机，启发他们丰富的创造性和想象力，唤起学生的学习热情，使他们积极主动地学习。同时，要实现学生的全面发展，就需要不同的老师来共同协作，教师要具有相当的协作能力。

（四）监控者和评价者

多媒体教学环境下，学生学习具有一定的自主性和自由性，因此，对学生的管理不能是放任自流。为了保证学生日语学习能取得良好的学习效果，教师必须随时对学生的整个学习过程加以监控，教师可以通过布置课后作业、组织学生进行讨论、在 BBS 和博客上交流等方式来进行监督和监控，教师还可以通过学生所提交疑难问题的状况和提交的作业，发现学生在日语课程学习中的问题，及时调整教师自己的整个教学安排。教学评价是对教学全过程及教学结果的有效监控。在日语学习过程中，教学评价可以使学生不断认识自我、建立自信、体验进步和成功、及时调整学习策略，最终促进学生运用综合语言能力的全面发展。要成为一名合格的、优秀的日语学习评价者，教师在评价时要注意突出学生的主体地位、体现多元化视角，还要注意在评价的方式上的多样化和灵活性，并注重各种评价手段的有机结合和合理使用。

（五）学习者和研究者

在大学使用多媒体日语教学过程中，“以学生为中心”的教学思想尤为突出，这对教师提出了巨大的挑战，教师不再是知识和课堂的绝对权威，这就要求教师在教的同时也要学，学习新的理念、新的方法，学习网络知识，更新自己已有的知识，成为一名终身学习者。由于多媒体环境下的日语教学在许多高校还处在探索阶段，这就要求我们日语教师善于研究多媒体日语教学规律，研究网络日语教学各个因素的联系，不断反思教学，研究多媒体环境下有效的学习和学习策略与评估方法，做一名研究型的教师。

第二节　混合模式下的日语微课、慕课

在微课、慕课网络信息化的时代背景下，学习者可以通过各种智能终端，自主学习微课网络教学资源，学习更加“泛在化”。过去应用多媒体教学手段的单一的翻转课堂教学模式已渐显劣势，融合线上线下教学的混合式教学模式，越来越普遍地应用于高校教育教学中。混合式学习，它结合了课堂教学和在线学习的优点，有效地混合各种学习媒体、学习模式、学习环境和学习内容等要素。混合式教学是在线和面授的混合，是多种先进技术的混合，是传统实体资源和网络数字资源的混合，更是包括了基于行为主义、认知主义、建构主义等各种教学理论的教学模式混合。混合式教学重视教师主导性作用和学生主体性作用的发挥，有利于培养学生的基本技能、信息素养和创新能力，符合认知规律，能激发学生的强烈学习动机和引起他们浓厚的学习兴趣，有效提高学习效率，该教学模式适应时代的要求。

一、混合模式下的日语微课

相比较于其他学科，日语教学，尤其是日语专业核心课程的“基础日语课”，无论是微课或慕课资源都还比较匮乏。微课是某个知识点的教学内容及实施的教学内容的总和，可以按一定教学目标组织教学内容，按一定教学策略设计教学活动及进度。微课“微”而“精”，注重教学设计、突出学习目标，既适合于教师课堂上讲解知识，也适合于学生课后自主学习。因此，制作微课，创建网络教学平台和微课视频资源库，探索高校基础日语课的混合教学模式，成为信息化背景下基础日语课教学改革的必然方向。

二、混合式教学模式的定义与特征

传统教学过程包括知识的传授与内化两个阶段。教师通过课堂讲解传授知识，学生课后通过作业等完成知识内化。从混合式学习的定义中可知，混合式教学结合了传统课堂教学与在线学习的优势。它将学习资源、学习媒介、学习环境、学习方法等各要素融合在一起，使学习效果达到最优化。在基础日语课的混合式课堂上，在课前或课后通过微课等多媒体的辅助完成知识传授，课内通过教师的指导与同学的协助完成知识内化，从而形成了混合式教学模式。随着教学过程的混合，各个教学环节也随之变化，传统课堂和混合式课堂各要素的对比情况，如表 5-2-1 所示。

表 5-2-1　基础日语课传统课堂与混合式课堂中各要素对比

	传统课堂	混合式课堂
教师	传授知识、管理课堂	指导和促进学生学习
学生	被动接受知识	主动学习知识
教学形式	课堂讲解、课后作业	课前自主学习、课堂内化知识、课后巩固知识
课堂内容	讲解传授知识	探索问题、内化知识
技术应用	PPT 内容展示	微课视频
评价方式	纸质测试	网络平台多元化评价

（一）教师角色的转变

在基础日语课混合式教学中，教师从知识传授者转变为学习促进者和指导者。随着教师角色的转变，具有一定的信息技术素养成为信息化时代对教师的要求。在学生完成学习任务后，教师要及时地评价和反馈，教师也要根据学生的评测进行教学反思，提高教学能力。

（二）课堂时间的重新分配

混合式教学的特点是以“自主学习时间”最大化来延伸课堂教学时间，让学生课前观看微课视频，将课堂讲授的内容转移到课前自主学习。课内减少教师的讲授时间，留给学生更多的合作学习时间，或者在课堂上用生动形象直观的微课代替冗长枯燥的讲解，实现“课堂时间”的高效化，同时增强课堂内学生的交流合作，提高学生对知识的理解和对知识多维度的掌握。

（三）学生角色的转变

在混合式教学中，学生是学习的主体，他们在实际参与活动中，通过完成学习任务来构建和内化知识。在基础日语课的混合式课堂教学中，教师提供微课视频给学生观看，学生也可以在网络资源平台中搜索所需要的微课视频，利用手机等移动终端自主地进行学习。但是学生并非是独立地自主学习，而是在教师的指导下，积极参与到混合式教学的每一个环节中，通过小组互动，来吸收、内化和拓深知识。因此，混合式教学课堂不同于传统课堂，是一个构建深度知识的课堂，教师是课堂的指导者，学生是课堂的主角。

三、基础日语课的混合式教学模式设计

本研究探讨如何将微课整合到基础日语课的教学中，并设计有效的教学环节，将课堂延伸到无限的网络平台，丰富学生知识面和加强学生对知识的内化，激发学生兴趣和学习动机，提高教学效果。我们构建的基础日语课混合式教学模式，此模块主要包括课前设计模块和课堂活动设计模块。课前让学生通过观看微课视频，有目的性地自主学习。课堂上教师利用微课视频，精讲相关知识点，有效地混合课堂讲授和在线学习。微课能创设真实的教学情境，提供丰富的语言信息和加强语言实际操练，使课堂讲授与在线学习、学生互动实现了优势互补，创建协作和个性化的学习环境。学生课后通过网络自主测试系统及题库进行自我测试，利用微信群和QQ 群等网络交流工具，师生共同讨论，学习交流，教师根据学生的反馈信息，评价学生的学习成果，进行教学反思，如图 5-2-1 所示。

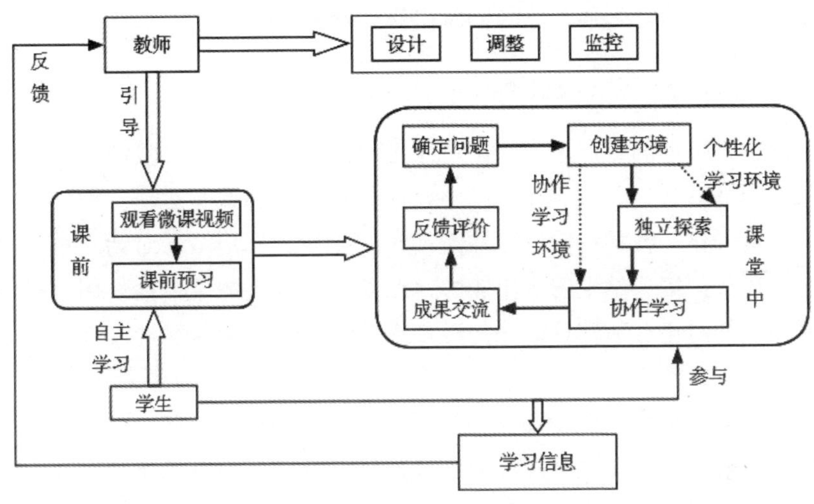

图 5-2-1　基于微课的基础日语课混合式教学模式

（一）课前设计模块

1. 教学视频的制作或利用

在基础日语课的混合式教学中，学生通过观看微课视频，进行课前预习。教师可以制作微课视频，也可以从开放性微课资源平台下载，例如，中国微课大赛官网上，就有很多优秀的日语微课视频可下载或链接使用。这不仅提高了微课资源利用率，而且节省了人力物力，还能让学生获得全国优秀教师的优质微课视频。但有些网络微课与课程目标和内容不太契合。教师制作的微课视频能与教学目标和教学内容高度吻合，还能根据学情灵活地设计教学内容。笔者参加过两届中国外语微课大赛，有微课制作经验，对微课的内容性、信息量、视觉效果、互动性的处理都很到位。笔者组织教师团队已经制作了很多的基础日语课微课视频，运用于精读课教学，受到了学生的广泛好评。

2. 课前针对性练习

学生课前自主学习微课之后，要完成提问和练习题。教师应合理设计课前练习的题量和难度，引导学生尽可能地理解视频的主要内容，帮助学生利用旧知识来掌握新知识。学生可以通过 QQ 群、微信群、学习通等网络交流工具交流学习体会，与同学协作解疑答。

（二）课堂活动设计模块

混合式教学的特点之一是拓展课堂时间和空间，将有限的课堂延伸到无限的网络平台，关键点在于怎样设计教学环节和课堂活动，使学生的知识内化最大化。教师在设计课堂活动时，应充分利用情景对话、小组协作等互动环节，培养学生的协作能力，充分发挥学生的主体性作用，有效地完成知识的内化。基础日语课的混合式教学模式的课堂活动设计包括以下五个部分。

（1）确定问题。教师将新知识凝练成具体的学习任务，在一定的情景中呈现给学生，将学生分成若干小组，分配给每个小组成员应完成的学习任务，并确定任务的解决方案和学习成果发表的形式。

（2）独立探索。在基础日语课的混合式课堂中，教师应有意识地培养学生的独立学习能力。教师在课堂活动设计中要重视个性化学习环境的创建，让学生在独立探索中内化知识，深化和拓展知识体系。

（3）协作学习。在混合式课堂中，要注重学生独立学习能力和协作精神的培养。小组互动是协作学习的基本形式，在基础日语课中，学生分组进行对话练习，或模拟表演，也可以进行多人小组讨论。教师要时时根据课堂实况指导学生的小组活动，灵活地做出决策，选择合适的小组协作方式，保证小组协作活动的有效开展。

（4）成果交流。学生在独立探索和协作学习后，完成个人或者小组的学习成果，教师组织学生进行成果交流或展示。学生可以通过汇报、讲演等方式来展示学习成果，也可以录制自己的汇报过程，上传到网络平台，供师生观摩评价。

（5）反馈评价。传统课堂教学与混合式课堂教学的评价机制不同。混合式课堂中，教师根据学生的活动表现和学习反馈信息，评价学生的学习活动和学习成果，学生要对学习活动进行总结反思，彼此互评。

（三）混合式课堂教学模式实施过程中的难点

1. 混合式教学模式混合式

混合式教学模式是将传统教学和网络化教学融合于一体的线上线下教

学模式。然而两者怎样混合，还存在诸多疑问，主要归纳为以下三种：（1）为什么要混合？（2）混合的实质是什么？（3）怎样混合？混合式教学模式是学生的在线学习与课堂教学相结合，即“先学后教，以学定教”在信息时代的发展，除了“先学后教”的混合方式，课堂中教师还可采用课堂讲授与课堂在线学习相混合，或课堂讲授和学生课后在线学习相混合的讲授方式。最终落脚点要放在确保学习的有效性上，关键在于何时混合、如何混合？教师扮演着重要的角色，教师的主导作用发挥程度直接影响到混合学习的效果。教学形态向混合式变化，教师对课堂的干预控制更难了，教师要从传统的课堂讲授变身为对学生的“导学”、借助大数据的“诊学”、隐于云端后的“助学”，直接检验教师的信息化教学能力。混合式教学模式就是混合了学习理论、学习方法、学习媒体、学习内容以及学习环境等各种要素的教学模式。其关键在于混合的方式和时间，在合适的时间混合合适的元素，达到最优的学习效果。

2. 教师专业能力的挑战

在混合式课堂教学中，微课制作的质量、指导学生交流、把控课堂、安排学习时间、组织课堂活动，都成为影响教学效果的重要因素。这要求教师既要有深厚的专业知识功底，还具有一定的信息技术素养，才能驾驭混合式教学。要加强对教师信息技术素养的提升。教师要学会运用口袋动画 APP、Focusky 等软件，制作更加美观动感的教学 PPT。能熟练使用 Camtasia Studio8 等录屏软件进行屏幕录屏、PPT 录屏，还能熟练使用 Camtasia Studio8 的剪辑功能，剪辑合成高质量的微课视频。微课视频的内容要注重与教材内容的结合，作为重点教学内容载体的微课视频，在教学中可以承担课前预习、课程引入、重点内容讲述、情景对话演示、课后练习等不同的角色。在微课与课堂的混合上，要根据学情进行教学设计，要根据教学目的确定微课视频内容。

3. 完善混合式教学模式

网络环境要顺利开展“基础日语课”的混合式教学，首先必须有支撑混合式教学的网络教学平台（中国外语微课大赛官网、微课网）和网络交流平台等。为了使微课视频内容与教材内容一致，还需要组织教师制作微课视频，建设微课教学资源库；开发微课的配套网络资源，供学生自评和反馈教学信息。此外，混合式教学成功与否的另一个重要因素是师生、生生之间的交流协作。因此，通过微信群和QQ群等网络交流工具，发布教学信息，师生共同交流讨论，创建协作和个性化的学习环境也非常重要。

三、基于慕课的日语课程教学模式构建

慕课是以互联网平台为基础的大规模网络开放性课堂，是大学联盟、互联网平台为满足用户碎片化时间学习需要开设的远程网络课堂，具有群体化、个性化、时间化等特点。随着近年来我国高等教育改革的深化，基于慕课设计日语会话课程已成为提高高校日语专业学生日语应用水平的主要途径，下面将对此进行深入分析。

慕课是一种以信息网络作为教育媒介的群体性网络课程，它主要利用信息技术把课堂教学、知识传授、学习任务、课后作业、教学问题、学生与教师间的互动交流、教师对学生的评价等步骤、环节紧密地组合在一起。群体性、开放性、远程性、自由选择性是慕课教学的主要特点，而目前我国高等素质教育的特征是面向世界、面向未来，注重大学生群体素质建设，因此，慕课教学的特征与我国高等教育特征高度吻合，二者在我国高等教育体系建设中相互联系、相互辅助，推动我国高等教育体系快速转型。

慕课兴起于2010年，其汇聚了世界上近百所顶尖大学的精品课程。2011年美国斯坦福大学开发了网上在线学习系统Udacity，当时受到技术水平的限制，这款学习应用软件只能用于数学和计算机知识的学习，精品网络课程资源极为有限，功能较单一，覆盖用户数量较少。2012年4月，哥伦比亚和普林斯顿大学联合推出了Coursera在线学习平台，主要以美国国内大学为主进行精品课程资源开发，供美国学习者使用。2012年5月，哈佛大学和麻省理工学院共同研发了在线学习平台edX，之后全球数百个高校加入其中，使edX在全球范围内快速普及。

（一）基于慕课的日语教学现状

从目前我国高等教育发展趋势来看，我国外语高等教育正处在历史变革的关键时期，大学生会话交流、语言应用能力的培养日益重要。日语专业会话课程通常是精品小班化授课模式，以25人左右的专业小班作为课堂

组织主体，时间设定为90分钟。虽然小班模式的日语会话课程设计能体现出课堂教学的系统性、完整性和持续性，但固定的教学方式会降低学生日语会话练习的兴趣，不利于学生形成完整的日语认知架构，而慕课教学这一新型教学形式的出现改变了这种教学状态。

到目前为止，很多高校都将慕课作为英语教学的主要媒介，使用慕课作为英语教学工具的高校占高校总数的95%以上。以日语作为教学媒介的语言应用类课程在慕课领域有着广阔的发展空间，因此，根据学生日语学习的现实需求，以慕课为教学工具构建完善、科学的课堂教学模式已成为当务之急。

（二）基于慕课的日语会话课程教学模式构建的思路

在互联网情景中，虽然慕课具有传统教学模式不具备的优势，慕课的应用也会给高校传统日语会话教学模式带来影响，但慕课作为一种依托信息传媒工具发展形成的远程网络教育机制，其在语言交互运用、对话情景塑造方面还有着一定的局限，不能完全取代传统的日语会话教学。为改变这一现状，有必要将慕课与传统日语课堂会话教学结合起来，各取所长，在发挥传统教学模式情景性、引导性的基础上，利用慕课软件整合线上教学资源，为学生塑造积极、活跃的课堂情景，进而构建完善的课堂教学体系。

在沿用传统教学方法的基础上，以慕课作为工具维度的教学模式调整，实质上是一种关于日语会话课程教学模式创新的尝试，这种创新性的尝试应基于互联网工具、教师、学生三者共同构建。互联网工具应是对话素材、知识信息的来源，教师和学生可借助互联网工具搜索对话素材直接应用；教师应发挥“知识信息中转站”的作用，按照科学化的教学思路引导学生；学生应是知识信息的接受主体，在信息化情景中或与教师对话，或是借助慕课完成教学任务。值得注意的是，在慕课与传统教学方法相结合的日语会话教学模式的基础上，要注重教学任务的设置，即根据学生的日语会话水平科学合理地布置教学任务。

（三）基于慕课的日语会话课程教学模式构建的途径

1. 充分利用创新工具，完善课堂组织架构

众所周知，日语会话课堂与普通语言类课程最大的不同在于日语会话

课堂以语言实践为主，是学生与学生之间、教师与学生之间进行对话交流的互动实践，课程主要以对话或角色扮演的方式完成，有着明显的动态性特征。所以，创新性工具的使用要突出群体性教学理念，即教师应以慕课网络作为课堂教学媒介，借助网络以音视频的方式向学生传递知识信息，进而扩大学生的认知来源。此外，要根据学生群体的学习特点，突出对话素材，引导学生主动从素材练习开始，不断深化语言认知，形成较强的语言交流能力。

2．注重设置课堂教学目标，突出学生主体地位

日语会话教学是学生与教师互动交流的过程，是教师引导学生关注课堂知识的客观引导机制，教学目标的设置具有“双向性”特点，即教学目标不仅要体现课程目标，也要表现出教学情境目标，且目标的设置要尽可能细化，尽可能保持目标的引导性。为了实现课堂教学目标，教师要注重学生主观能动性的发挥，一方面，教师要利用网络在课堂教学活动开始之前仔细搜集日语会话素材，设置课堂教学主题，让学生围绕教学主题展开交流探讨；另一方面，教师要根据学生学习的特点，利用慕课系统与学生进行对话、交流，让学生利用网络及时反馈学习成果，方便教师及时做出评价。

3．积极创建慕课教学情景，塑造良好的教学氛围

日语会话课程教学取得良好效果的基础条件是教学情景的构建，优质的教学情景、良好的教学氛围可以让学生放松身心。第一，在教学过程中，教师要学会利用慕课工具选择一些与日语文化知识相关的问题或故事当作开场白，从具体事例的角度对学生进行引导。第二，针对学生学习的特点，教师要利用慕课资源构建个性化课堂，结合学生的认知模式调动学生的兴趣，以学生作为课堂教学主体，将多种教学方法，如信息化教学方法、情景化教学方法、实践性教学方法等融入课堂实践中。第三，教师要有目的、有选择地在课堂教学的不同环节设置教学问题，以问题为导向鼓励学生交流探讨。第四，在上课前或是上课后，教师最好以一些日文歌曲来活跃教学氛围，这样有助于学生在良好的氛围中形成自主性学习意识。

综上所述，基于慕课的日语会话课程课堂教学模式的构建，首先要了解慕课的教学特点及功能优势，然后结合学生日语学习特点，将传统形态的日语会话课程教学模式与慕课教学有机结合起来，最后通过设置教学目标、创新课堂情景等方法健全课堂组织体系，活跃课堂氛围，促使学生在日语会话实践中形成较强的语言应用能力。

第三节　混合模式下的日语翻转课堂、智慧课堂

一、翻转课堂模式在日语教学中的应用

随着国民经济的不断增长，科学技术的不断创新，高校教育改革发展得到了质的飞跃。翻转课堂作为一种高效的教学方法被广泛运用在高校日语教学中，弥补了传统日语教学模式、教学方式过于落后单一，学生日语学习基础水平低，注重教学结果忽视教学过程等问题。现代高校日语专业教师要转变自身教学观念，结合学生实际学习需求和市场日语人才要求，有针对性地采用翻转课堂教学模式，丰富实践课堂教学内容，为学生营造出和谐愉悦的学习氛围，充分激发学生对日语学习的积极性和主动性。基于提高日语教学质量的目的，本节将进一步对翻转课堂模式在日语教学中的应用展开分析与探讨。

高校外语教学要能够跟上时代的发展。由于受到传统教学观念的影响，一些高校日语专业教师仍在沿用传统的教学模式，教师以自身为主导一味地向学生灌输日语专业知识和技能，从而忽视了学生实践能力的培养，导致学生缺乏创新意识和合作精神。对于此，高校日语教师必须充分发挥出翻转课堂模式的价值作用，将其与日语课堂教学有效结合在一起，科学创建良好的教学情境，有效调动起学生的学习积极性，加强学生之间的互动交流学习，最大限度地挖掘学生的学习潜能，从而帮助教师实现日语课堂教学水平的全面提升。

（一）翻转课堂概述

大数据时代背景下，人们提出了很多新的技术和理念，课程与信息技术的融合程度也越来越强，因此，教学改革也要与当前的形势相适应。当

前，翻转课堂正广泛流行于国内以及国外的教改中，在教和学的发展中，其是一种新的教学思路。

翻转课堂（也有译为颠倒课堂或颠倒教室）起源于美国科罗拉多州落基山林地公园高中的两位化学教师乔恩·伯格曼和亚伦·山姆，他们将实时讲解和 PPT 演示相结合的视频上传到网络而引起大的关注。2011 年，萨尔曼·可汗在 TED 大会上的演讲报告“用视频重新创造教育”中提到：学生可以在晚上放学之后在家观看可汗学院的视频课程，在第二天课堂中做作业，这样教师和同学就可以帮助解决出现的问题。传统课堂中学生白天在学校上课，晚上回家做作业，这种课堂模式与传统的课堂模式正好相反，这就是“翻转课堂”名字的由来。引起教育者对翻转课堂的关注是由于萨尔曼·可汗和他创立的汉学院的推动，这使翻转课堂成为一种新的教学模式，引起了全世界教育领域的关注，并且在 2011 年被《环球邮报》评选为“影响课堂教学的重大技术变革”。翻转课堂的出现，也为外语教学提供了一种新的教学方法。

翻转课堂就是在信息化环境中，学生在上课前观看教师提供的教学视频等学习资源，并在课堂上由师生共同完成作业答疑、协作探究和互动交流等活动的一种新型教学模式。翻转课堂与传统课堂相比，其优势在于将学习者置于一个以问题为主要线索的教学活动环境中。翻转课堂不以教学视频为核心，而是将探究性学习和基于项目学习带来的自主学习，以及对传统教学流程的颠覆和“以学生为本”的理念作为真正的意义所在。

（二）翻转课堂实践应用的重要意义

大学生的外语学习不同于中小学生，具有更多的课外学习时间和更灵活的时间安排。大学生既有自主性又具有探索性，大学生的外语学习不适合填鸭式教学方法，应该以自主学习为主，让学生在研讨式教学中获得良好的发展，翻转课堂恰恰符合这种教学理念，从根本上改变了学习者的学习方式。

首先，翻转课堂的实践应用可以让学习者自己掌控学习节奏。授课前，学习者可以根据自身情况，利用教学视频来合理安排和掌控自己的学习进程。学习者可以在完全轻松的氛围中完成这种课外或在家观看教学视频的过程。对于不会的、因分心而跟不上的部分可采取倒退重新观看的方式，避免在课堂集体教学中因不同原因而跟不上教学节奏。外语学习需要不断思考、不断记忆和不断巩固，这种方式让学习者可以自己掌握观看教学视频的节奏快慢，对会的部分跳过或快进，思考的时候暂停，对不明白的部分返回、反复观看，甚至还可以通过各种信息手段及时向外语教师或学习伙伴寻求帮助。

其次，翻转课堂的实践应用可以重新建构学习流程。翻转课堂颠覆了教师在课堂上讲课，学生在下面听课，课后完成教师布置作业的传统课堂教学模式。翻转课堂的实践应用是让学习者课前在家完成知识的学习，而将课堂转变成老师与学习者之间和学习者与学习者之间答疑解惑、知识运用等活动的互动场所。翻转课堂的实践应用对学生的学习过程进行了重构，教师能够提前了解学习者在学习中遇到的困难，并在课堂上给予有效的辅导，学习者之间的相互交流也更有助于促进知识的吸收内化，从而达到更好的教育效果。

最后，翻转课堂的实践应用全面提升了外语课堂上的互动环节。课堂的互动具体体现在外语教师和学习者之间以及学习者之间。教师角色的转变是提升课堂互动的主要原因之一，外语教师由原来的内容呈现者转变为外语学习的指导者，从而使他们有更多的时间与学习者进行交流、沟通和答疑，并参与到每个学习小组中，对每个小组成员进行个别针对性指导。教师还有时间对于学生作业的完成情况进行共性问题评论，组织学习者成立辅导小组，还可以举行小型讲座形式对于学生所遇到的难题及时给予指导。

当教师不再仅仅是内容的传递者时，也就有更多的时间和机会观察学习者之间的互动。学习者会在自主学习过程中形成自己的外语协作小组，彼此学习、彼此借鉴和彼此帮助，而不是单纯地依靠教师。教师也逐渐不再成为知识的唯一传播者，这种改变是值得敬畏的。各自身份的转变，缩短了师生之间的距离，教师起到的作用是引导学习者学习，而不是单纯地发出指令；学习者的任务则是探究学习，也不是单纯地接受指令。

（三）翻转课堂模式在日语教学中应用的必要性分析

翻转课堂作为一种新型教学模式，是基于信息技术辅助，专业教师结合教材内容开展的微课教学活动。在翻转课堂教学中，教师与学生之间的交流互动更加频繁，学生能够积极主动地参与到教师设计的各项教学活动中，共同去探究学习专业知识，完成教师布置的教学任务，学生在实践中能够培养自身的自主学习能力、应用能力和团队合作能力。

1. **有助于提升学生自主学习能力**

在传统日语教学模式实施中，学生往往处于被动学习状态，缺乏在日语教学课堂上的学习主导权，要想满足自身的学习需求只能通过课外知识进行补充学习，长此以往学生容易在课堂上产生抵触的心理情绪。而日语教师通过在日语教学过程中高效地采用翻转课堂教学模式，将自身作为引导者，将学生变成课堂主导者。教师提出问题后，学生以小组形式进行探究讨论，共同去总结出最佳的学习方法和问题解决方案，这样不仅能够提升学生的日语自主学习能力，还可以培养学生对问题的思考分析能力。

2. **有助于激发学生学习兴趣**

在翻转课堂教学中，日语教师引入并应用了各种先进的信息化技术，这种新型教学模式能够有效增添课堂学习趣味，能够丰富日语课堂教学内容，对日语专业学生的学习起到积极的促进作用。比如，满足学生对日语学习的个性化发展、增强学生对日语学习的动机以及提供多种多样的课堂学习资源等。翻转课堂摆脱了传统教学模式时间与空间的限制，学生能够在各种渠道中获取最新的日语知识，这样不仅可以促使日语学习变得更加快捷方便，还可以最大限度地满足学生对日语学习的各项需求，促使学生形成终身学习的理念，保证学生对日语学习产生浓厚的兴趣，从而提升高校日语教学的综合水平。

3. **有助于培养学生团队协作意识**

经济市场中的日本投资企业特别注重强调员工之间的相互合作精神，高校日语专业教师要结合这一特点，有针对性地加强学生团队协作意识的培养，而翻转课堂教学模式的应用正是学生团队协作意识培养的重要途径。在翻转课堂日语教学中，教师可以根据教材内容和学生学习的实际需求，组织引导学生开展小组互动、小组讨论等学习活动，让学生在小组队伍中相互交流，对问题提出自身的观点和想法，这样有利于提升学生在日语学习过程中的团队协作配合能力和语言表达能力，促使学生在小组团队中构建出良好的竞争与合作关系。

（四）翻转课堂模式在日语教学中的实践应用措施

1. 创新应用翻转课堂教学模式

基于翻转课堂教学模式，高校日语教师可以充分利用学校的网络资源，结合教材内容和学生日语学习需求，有针对性地设计制作精美的日语课堂教学视频，尽量保证视频内容的丰富有趣，能够有效吸引学生在日语课堂中的注意力，实现翻转课堂的教学目标。日语专业教师之间要相互讨论，提供科学的日语视频教学方案，要注重不同学习层次的日语专业学生的学习情况，分别录制准备好不同难度的视频，这样可以保证不同学习层次的学生均可以通过视频学习掌握相关日语知识。教师可以根据学生的实际学习能力，将学生相互分成各个学习小组，小组成员之间开展讨论交流，共同探讨解决问题，这样一来能够最大限度地提升学生的日语学习综合能力，帮助教师顺利完成课堂教学任务。

2. 科学制订课堂教学方案

高校日语专业教师需要正确地认识到刚入大学的学生在日语方面学习能力是参差不齐的，教师在教学方案设计上必须坚持因材施教的教学理念，不能单一选择一种教学材料或者教学方法，不然会难以实现理想的日语教学效果。比如，针对不同日语学习基础水平的学生，日语专业教师可以通过将层次教学法与翻转课堂有效结合在一起，将翻转课堂中的教学视频设计成三个不同层次，分别是简单、适中以及困难。在视频教学中，日语教师要发挥出自身引导者身份的作用，科学指导学生运用正确的日语学习方法，让学生相互之间进行单词语调发音训练，纠正他人发音的不足之处，借鉴他人学习所长，这样能够使学生相互学习。

3. 合理指导学生观看学习视频

在日语教学中，教师要高度重视学生学习过程中日语实践能力的培养，而不只是关注学生的最终考试成绩。在教学过程中，教师要合理指导学生观看视频，要求学生结合视频中教师提出的问题进行思考分析，要给予学生充足的课堂思考时间，让学生对视频内容进行反思与总结。教师可以让学生合理利用好视频暂停回放功能，记录好自身的疑惑，在视频观看后提出问题，让学生之间进行讨论和分析，使学生参与到实际问题解决活动中，从而提高学生的日语学习综合能力。翻转课堂模式下的日语教学是以学生交流探讨方式进行的，学生自主学习是翻转课堂的核心内容，教师要着重培养学生的自主学习能力和分析解决问题的能力。

综上所述，高校要想培养出更多的日语专业复合型人才，全面提升学生的日语学习能力和素质，就需要引导广大日语专业教师科学合理地运用翻转课堂教学模式。基于翻转课堂教学模式，学生成为课堂学习主体，促使学生积极主动地参与到视频教学活动中，并在学习过程中形成良好的日语学习习惯，进而培养学生的团队合作精神和实践学习能力。

二、混合模式下的日语智慧课堂

（一）互联网+时代日语智慧教学模式探析

当今社会已经进入一个信息技术飞速发展、移动互联网和大数据技术广泛普及的时期。“互联网+教育”这一新型教育形态要求教学不再是固定场所、固定时间、一名教师单纯的知识讲授，而应是基于信息网络技术、通信技术、大数据的可在任何时间、任意地点、提供丰富选择性内容的现代化新型教学模式。2016 年 6 月教育部正式印发《教育信息化“十三五”规划》，文件指出要建设“人人皆学、处处能学、时时可学”的学习型社会，推动形成基于信息技术的新型教育教学模式。然而，外语教育是一项动态、非线性、多变量的长线工程，仅依靠有限的课堂学习难以实现语言知识和语言技能发展的目标，迫切需要现代教育技术支撑外语教学发展。在这样的背景下，如何充分利用新时期的信息技术，推进外语教学中智慧教育理念的形成及智慧教学模式的广泛应用成为一项亟待实施的新课题。

2009 年年初美国国际商业机器（IBM）公司首次提出了智慧地球的理念。随后智慧城市、智慧医疗、智慧教育等概念相继而出。智慧可以让人深刻地理解人、事、物，并且拥有思考、探求真理的能力。所谓智慧教育，可以认为是在移动互联网等智慧环境下，拥有智慧且在学生学习中充当指导者、启发者的智慧型教师采用智慧教学模式以达到培养智慧型人才的目的。而其中的智慧教学是依托移动互联网、物联网、大数据等新一代信息技术所打造的泛在化、感知化、一体化、智能化的新型教育生态系统。

教育信息化可以认为是一个逐步朝向智慧教育发展的过程。对于智慧教育的研究和实践在全球很多国家早已展开。新加坡在 2014 年公布了“智慧国家 2025”的十年计划，提出了在教学中使用最新应用软件，开发 3D 仿真学习情境模式，培养师生自主创新能力等“未来学校”计划，这是全球第一个智慧国家蓝图。韩国在 2011 年发布了《推进智慧教育战略》，计划以电子教科书为突破口改造课堂，提高技术支持的学习效果，培养适应未来信息社会的创新型国际人才。此外，马来西亚、澳洲等国家也正在智慧教育研究方面进行积极探索。在我国智慧教育宏伟蓝图下，基于思政、语文、外语等各类课程的智慧教学研究正在如火如荼地进行。其中外语教学领域中对英语智慧教学的实践探索已初见成果。成果主要集中在对英语智慧教学理念、英语智慧教学模式、英语课程智慧教学设计等方面的研究上。但日语智慧教学的相关研究较为缺乏，因而对高校日语智慧教学的研究是具有实践意义的。

（二）智慧教学的特点及优势

在互联网技术的迅猛发展中，传统的课堂教学模式已受到冲击，随之出现了慕课、微课、翻转课堂等一系列新兴教学模式。这些新兴的教学模式在给教师带来全新授课体验的同时也逐渐显露出了问题。如具有开放性和规模性的慕课，在给学生提供个性化学习方式的同时也随之带来了学习的随意性和盲目性的问题；具有短时性、易操作性的微课虽然符合学生学习的规律性和认知特点，但对学生的专注力和自觉性要求极高。余胜泉教授指出，教育环境走向智慧教育环境有八个特点，即情境感知、异构通信、无缝移动、自然交互、任务驱动、可视化、智能管控、自动适应。由此可以认为在智慧教育环境下，智慧教学应是集慕课、微课、翻转课堂的优点，具有个性化教学、实时性教学、移动性教学、交互性教学等特点的教学模式。并且这些特性能够大力推进信息技术与课程教学的融合，使学生朝着自主学习和个性化方向发展。

（三）智慧教学模式在日语教学中的应用

1．日语教学中实施智慧教学模式的必要性

2018 年 1 月，教育部发布了《普通高等学校本科专业类教学质量国家

标准》(以下称《国家标准》)。这是我国面向全国、全世界发布的第一个高等教育教学质量国家标准。《国家标准》在培养日语人才听、说、读、写、译基本能力的基础上，更加注重对学生语言表达与交流能力、跨文化交际能力、思辨能力、终身学习能力的培养。这些要求给今后的外语学科建设、教学改革、人才培养等方面提出了新任务。《国家标准》的制定原则及其中对日语人才的要求与以学生为主导、遵循个性化学习方式的智慧教学理念相契合。因而，高等日语教学走向智慧教学模式的道路是必然趋势。

2. 日语教学中智慧教学模式的实施策略

完整的教学过程通常包括课前、课中、课后三个环节。课前是学习内容的准备阶段，课中是学习内容的导入阶段，课后是学习内容的巩固阶段。智慧教学模式下的教师在整个教学环节中应始终充当指导者、组织者的角色。

(1) 智慧教学模式在课前的实施

在传统模式的基础日语教学中，教师通常都会要求学生自主预习新单词和课文，而其实际情况是在课前能主动完成预习任务的学生不多，教师在上课前也无法获取学生预习情况的各项数据。

在智慧教学模式下，教师可借鉴翻转课堂的方式，利用现代化智慧教学工具，在课前发布与授课内容相关的视频资源以提高学生学习的兴趣。同时教师还可以将预习课件推送到学生手机上，学生可以随时随地预习，实时与教师进行沟通，教师也能实时获取预习学生的数量及进度数据。整个过程充分满足了学生的个性化学习需求，有利于学生自主学习能力的培养。

(2) 智慧教学模式在课中的实施

在传统模式的基础日语教学中，教师通常以讲单词，讲语法，讲课文，做练习的流程在课堂上对学生进行知识点的灌输，以教师为主导、班级同步教学的特点明显，从而导致课堂缺乏互动，教师无法得知每位学生对知识点的掌握情况。

在智慧教学模式下，信息技术伴随整个课堂。学生扫码进入课堂便可同步接收教师的授课课件。在教师对知识点的讲解过程中学生还可同步匿名反馈不懂的内容，便于教师调整教学节奏。教师也可以通过推送习题的方式及时了解学生对知识点的掌握情况。此外，还有弹幕互动、答题红包等当下流行网络元素也被智慧工具引入课堂中。整个过程让课堂气氛可以更活跃，让学生的学习方式可以更灵活，让教师获取学生各项学习数据可以更及时。另外，通过将单词讲解、语法讲解等知识点内容更多地翻转到课前预习环节，引导学生主动学习，而课中把更多时间留给学生之间的会话练习、小组合作练习等实践活动

3．智慧教学模式在课后的实施

在传统模式的基础日语教学中，教师会通过布置课后作业的方式来检验学生的学习成果。布置作业也意味着教师接下来要面对辛苦搬运作业本、做机械式批改、耗时统计作业完成情况等问题。长此以往容易让教师产生疲劳感和职业倦怠感。

在智慧教学模式下，利用智慧教学工具教师可以在课后及时将作业推送到学生手机上，并能实时获取学生作业完成情况及答题数据，这极大地缩减了教师对于作业的检查时间。有些智慧教学工具（如雨课堂）在课程结束后还会向教师自动推送课堂小结，通过查看课堂小结教师可以了解到该堂课的所有数据，如课堂人数、习题数据、课件数据等。

在信息技术与高等教育的深度融合中，创造智慧学习环境、构建面向未来的智慧教学模式已成必然趋势。开展智慧教学研究是推进教育信息化深度发展的重要切入点。作为一线外语教学工作者，如何应对新形势下外语教育中遇到的机遇和挑战，如何将前沿的信息技术融入教学中，如何用教育的智慧去对待智慧教育是值得不断思考的问题。

第六章　基于产出导向日语专业基础阶段混合式教学的应用与实践

本章主要围绕着基于产出导向法的日语专业基础阶段的混合式教学的应用与实践，首先介绍基于产出导向日语专业基础阶段混合式教学的课程设计，然后介绍其教学模式，并探讨了基础日语教学的新模式。接下来，本章主要介绍产出导向法下的日语混合式教学的听、说、读、写的教学与训练。

第一节　基于产出导向日语专业基础阶段混合式教学的课程设计

“POA”最核心的环节，首先是“驱动”，即以“产出”为目的的教学，通过“输出”（即应用）促使学生主动学习，又按照“输出”的目的促使学与用融合为一体。

一、基于产出导向法的混合学习流程

本章基于“产出导向法”的“驱动—促成—评价”课程流程，通过线上线下混合学习的有效设计、课内课外沉浸式学习的有效实施，使知识有效衔接、融会贯通、学用结合。在“驱动”部分学生通过线上的自主学习和任务的设计与产出过程中，发现知识的不足，更加明确学习目标；在

“促成”部分教师结合设计的多媒体课件，通过线下的精讲进行任务的促成，学生有目标地进行选择性的学习；在“评价”部分通过师生线上线下交互的即时和延时评价，查找误用，以评促教、以评促学。(图 6-1-1)

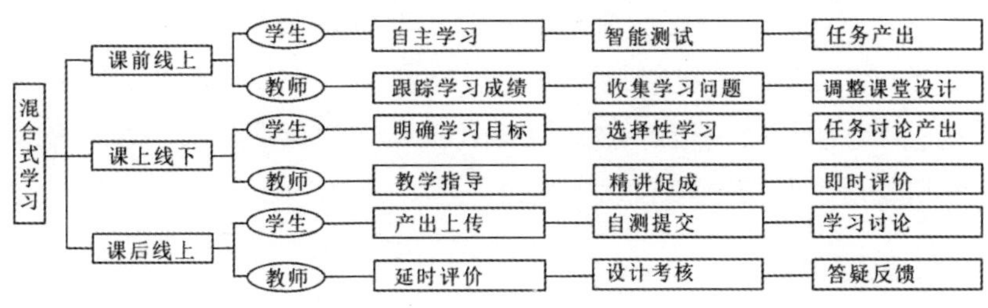

图 6-1-1　混合学习流程

（一）驱动

驱动包含三个环节：教师呈现交际场景，学生的生活、学习、未来工作中交际场景；学生尝试输出，体验任务，激起学习兴趣；教师说明教学目标和产出任务。教师可进行线上驱动，将任务拍成视频、微课发放给学生。教学实例：关于旅游的话题。(1) 教师在课前布置任务，观看微课视频，练习试听，创设关于旅游的情境，开阔视野。(2) 学生根据问题提示完成对话表演，练习口语，学生尝试输出，试图完成任务。(3) 教师向学生说明了交际的目标与语言学习的目标。第一类，口语为交际的目标，即学生是否能较好地完成关于旅游的口语与交际任务；第二类，学习语言的目标，即教师需要学生掌握哪些关于旅游的常用单词、短语或者旅游材料的翻译知识。教师可依托线上教学平台进行输出驱动，包含微课视频、在线练习、互动讨论等形式，为学生自主学习提供资源支持，又为教师教学设计提供数据支持，助力混合式教学模式实践。

（二）促成

促成过程中包含三个主要环节（以旅游话题为单元主题的“促成”的主要环节为实例)：(1) 教师描述学生需产出的任务。描述清楚任务、背景、目的、步骤、知识点、技能与关键能力等。(2) 教师给予学生指导，学生进行选择性任务学习。学生可以以小组为单位，明确产出任务，课上输入材料选择，课外输入材料扩充，完成阶段性任务并及时进行反馈，分工明确，准时完成。(3) 教师给予再次指导并进行检查。运用课上检查与线上汇报的方式进行2~4次阶段指导与检查：选题是否合理，原因是否成立；提纲是否全面，结论是否正确；分工及课件制作情况；语言是否准确、恰当；课上展示并进行最终指导与检查。以产出任务的完成为主线，有效地引导学生积极进行“选择性”任务学习，促成环节中教师的阶段性、终结性检查及指导都尤为重要。

（三）评价

教学评价包含即时评价与延时评价。对于即时评价，学生期待的反馈是即时的，是有针对性的，有区别性的。教师一定要将即时评价的检查作用充分发挥。对于延时评价，教师可制订出严谨的产出任务评价标准，也可以师生共同制订。另外，教师要把控好延时评价的时间，可在课堂上选取典型作业案例进行师生评价，大部分学生的作业评价可以选择在网上进行，提高评价覆盖率与评价效率。即时评价与延时评价相结合，线下评价与线上评价相结合的方式通常能使学生获得更好的学习效果。

二、“产出导向”的混合式教学模式构建

本研究根据我校日语专业基础日语课程的教学情况，以提升日语专业学生语言技能、自主学习能力和思辨能力为教学目标，结合产出导向法和混合式教学理论，融合课堂教学和在线教学的优势，从混合式教学环境的设置，活动的设计与实施及学业评价等方面，通过教学内容、教学方法、教学评价三方面的改革，构建专业日语混合式教学模式。

本研究力图利用网上优质资源拓展课程教学资源，构建网络多媒体环境下的立体教学体系，全方位设置由多媒体教室、校本网络课程、在线开放课程（慕课、微课等）、微信平台和班级QQ群、微信群等交互工具组成的混合式教学环境，充分发挥课堂教学和在线教学的优势，让教师“教”和学生“学”都不再受时间和空间的客观限制。基础日语课程为高等院校日语专业学生必修的专业核心课。学院网站可以设立基础日语网络课程，

包括教学大纲、授课教案、教学课件、授课录像、学习资源、作业习题、试题库、辅导交流等板块。教师会在课前发布相关课程信息，上传相关教学资料（电子课件、音频、视频、练习等）和各类学习资源（拓展读物、多媒体学习资源、学习网站等）供学生在线学习，并在辅导交流板块和学生进行在线互动交流。

近年来随着微课、慕课的大量普及，课程组教师及时更新拓展了课程资源，结合课程内容学习相关主题的慕课，推荐学生课后登录国内外知名慕课如：Coursera，edx，FutureLearn，中国大学 MOOC，学堂在线（国家精品课程在线学习平台），中国高校外语慕课平台 UMOOCS。这些课程可以帮助学生学习日本文化，通过地道的语言表达和制作精良的视频，以量身定制的双语身份，描述文化异同，并提供海外学习生活小攻略，帮助学生开启思辨之旅。

课后教师利用网络课程在线辅导交流板块和学生进行互动交流，并利用邮件、微信、QQ 等交互工具及时了解学生在线学习情况，更有针对性地答疑解惑，对学生的课堂活动课件、课后产出作业和小组合作学习等给予及时反馈和评价。

三、混合式日语教学模式的优势

通过 2014 级学生的调查报告来看，传统日语教学主要面临以下几个问题：(1) 教学方法单一，缺乏系统性。(2) 听说读写译相关课程缺乏关联性，内容陈旧无法激发学习兴趣。(3) 课堂学生参与度不高，无法提高交际能力。(4) 学生缺乏自主学习能力。针对传统日语教学出现的问题，笔者通过实施混合式日语教学，效果显著，优势明显。主要体现在以下几个方面。

(1) 教学资源远非局限于日语教材，广泛的网络资源为学生提供了日语学习借鉴。同时要求教师积极探索，储备各类相关知识，有创造性地驾驭学生和指导有效的课堂教学。

(2) 课堂教学的立体化。课堂教学和线上教学相结合，综合运用了各种教学方法和技术手段来进行教学，给学生创造了适时的环境，提高了学生对日语的认知水平，激发学生主动地、有创造性地运用日语语言知识，进行跨文化交际。

（3）课堂教学的国际化。互联网和数字化技术的介入，使得日籍教师数量和校际共享课程的数量成倍增加。选用跟本校合作的日方高校的教师、课程为日语教学提供丰富的教学媒体资源和优质的师资。在跨国际远程的环境下指导学生进行日语学习，让学生从低年级开始亲身体会和接触对象国的风土人情。

（4）教学管理和学习管理更加合理规范。学生要按照教师指定的学习计划来完成任务并进行网络提交视音像资料、文档资料。除此之外还要根据自己制定的计划，进行自主学习，按照要求和老师、讨论小组在网上进行互动，根据学生登录平台次数、时间、发帖数量、提交音像资料和 ID 等信息对其进行考核，学生的考核分为网络数据考核和考试考核。网络数据考核在此教学模式下杜绝了作弊、替考之类的不端行为的发生。

（5）学生自主学习能力、交际能力、创新协作能力的提升。混合式日语教学模式的核心目标就是激发学生自主探索的协作式学习。协作学习的重点在于讨论，在讨论中激发学生的学习动力，开阔视野。激发学生对学习过程和成果进行更深层次的反思。

四、混合式日语教学模式的课程案例分析

本课程针对 2015 级日语专业新生而设计。高中三年，新入学的新生学习日语均为零起点，但是高中封闭式的应试教育造成很多学生内向、缺乏交际能力。对混合式日语教学很陌生，更不知道如何运用该平台进行自主学习、协作学习。

本课程选择 2015 级的日语 151、152 两个班（共 63 人）。151 班采用传统教学模式；152 班采取混合式教学模式。教学计划：严格按照学校教学计划和进度表进行。每学期 15 周。基础日语和日语会话每周间隔授课。教学目标：利用混合式日语教学平台实施自主协作式学习，掌握和熟练运用大纲要求的单词、语法、课文及相关日语背景知识。通过第一学期的学习帮助学生入门，能用简单的日语进行交流。教学环境：运用混合式日语

教学平台。教学内容：基础日语和日语会话均选用《新编日语第一册（修订本）》，以及教学平台服务器中的补充材料、PPT 课件、音像资料等。教学过程：教学过程分为以下几个阶段进行。

（1）语音入门阶段，熟悉教学平台操作和自主浏览各种学习资料；提交个人计划和自测结果。

（2）对教师通过平台发布的重点单词、语法、课文理解部分，用协作学习的方式和平台互动功能进行讨论归纳，教师通过互联网参加各组讨论发表并给予指导，鼓励学生创新自主学习。

（3）利用混合式教学平台将每课相关的音像资料发布给学生，让学生自主选择适合自己水平的资料，加深对课文内容和日本概况的理解。

（4）在会话课中，学生可以自主选择日籍教师或者日本学生在教师指定的平台聊天室中用日语交流学习。

实验数据分析：

1. 日语会话课期末测试数据分析：每班随机抽取 20 人对数据进行分析。传统组 151 班平均分为 73.5 分，混合组 152 班平均分为 84 分。其他各项分值均为平均分。从表 6-1-1 可以看出采用混合式教学法各项数值均高于传统组。其中表现力相差较大，这说明通过平台学生主动与日本教师、学生交流，改变了高中阶段的腼腆、内敛的性格，更加接近外语人才的培养要求。通过问卷调查得知混合组的同学更愿意与他人交往，学习日语的热情高涨。

表 6-1-1　会话课组别统计量

	发音准确度	流利程度	仪容（细节）	表现力
传统组（151）	82	75	86	70
混合组（152）	90	86	90	89

2. 基础日语期末测试数据分析：每班随机抽取 20 人对数据进行分析。

表 6-1-2　基础日语课组别统计量

	单词	语法	阅读	完成句子
传统组（151）	82	84	72. 5	70
混合组（152）	80	85	84	83. 5

从表 6-1-2 可以看出阅读和完成句子这两项中差别较大，混合组教学模式的分值较高，这表明混合式教学模式更能够激发学生独立思考的能力和发散思维，最大限度地挖掘他们学习日语的潜力。组别之间的协作式讨论学习以及组别中的竞争激励着每个学生进行思考和创作。存在的问题是：(1) 混合式教学组中个别学生自学能力还是很弱，没有好的自主学习习惯，从高中到大学突然进入开放平台学习，缺乏适应力。(2) 由于大一课程很满，科目多，学生自主学习时间较少。这需要教师多进行指导，统筹安排自己的时间。

"互联网+" 背景下的以专业为导向的混合式日语教学模式构建与应用到目前为止已经实行两年了，效果显著，混合式日语教学突破了时间和空间的限制，实现了教学资源的优化，将教学延伸至国际化。通过分享教师、教学资源、课程使学生自主学习能力得到空前提高。应变能力和跨文化交际能力得到日方实习单位的一致好评。

五、大数据背景下的日语混合式教学模式探索与研究

（一）大数据

大数据最早源于经历信息大爆炸的学科，尤其是天文学、基因学等学科。2008 年，《自然》出版的专刊"大数据"中提出，大数据的影响遍及互联网技术、电子商务、超级计算、环境科学、生物医药等多个领域。大数据的迅猛发展已经渗透到与我们生活密切相关的各行各业。与此同时，也为教育的发展带来了新的机遇与挑战，教育大数据成为学界关注的热点。杜婧敏等（2016）研究提出，教育大数据是面向教育全过程时空的多种类型的全样本的数据集合。教育大数据是以教学过程中静态和动态的所有数据为收集对象，利用大数据技术来影响管理、教学、学习、评价等具体业务，在教学情况分析、因材施教的具体实施、学生学业动态追踪等方面体现其价值所在。大数据特有的规模（volume）、多样（variety）、高速（velocity）、价值（Value）四大基本特征更凸显出其与高校教学深度融合的必要性。

（二）日语混合式教学模式

混合式教学混合式教学是基于互联网技术的教学与传统教学相结合的教学模式，何克抗（2004）对混合式教学做了如下定义：“所谓混合式教学就是要把传统教学方式的优势和网络化学习的优势结合起来。也就是说，既要发挥教师引导、启发、监控教学过程的主导作用，又要充分体现学生作为学习过程主体的主动性、积极性与创造性。”在具体的教学过程中，混合教学模式的实施包括教学资源、教学方式、教学工具、交互方式、学习方式、教学评价六个方面的混合。也就是说，在开展实际教学的过程中，应切实实现“线上”与“线下”相结合的教学模式，充分利用来自不同网络平台的教学资源，灵活采用最有效的教学方法，使教学设计更合理、更科学，引导学生发挥主观能动性积极参与到学习中，以此促使教学效果的大幅提高。大数据背景下的日语混合式教学的实施，是充分利用大数据技术支持下的移动终端教学软件，将其应用于日语教学，在课程实施过程中，采用“线上+线下+线上”三个阶段相结合的教学模式。

（1）课前准备阶段——预习、自测课前准备阶段主要依托移动终端教学软件实施，教师将教学资源发布至教学软件平台，并上传学习任务单。该阶段的教学资源主要为与本章节内容相关联的课件、视频、图片、自测题等内容。学生及时登陆平台，查看预习任务，着手准备任务单中列出的具体预习要求，记录预习过程中遇到的难点，完成并提交规定的自测题。教师在授课前登陆平台动态查看学生学习任务完成进度，根据学生的完成情况督促、鼓励学生积极参与，参考平台反馈数据了解学生的薄弱点所在，及时调整课堂教学重点。

（2）课堂教学阶段——讲解、讨论课堂教学阶段注重传统的课堂讲授与线上平台互动的结合，课堂讲授过程中，应充分使用传统的多媒体设备提高教学的效率。教师作为课堂讲授的实施者，结合预习阶段的反馈数据，引导学生开展一系列教学活动，包括签到、投票问卷、头脑风暴、生生讨论、小组发表、举手抢答等。学生积极参与到上述各项教学活动中，营造活跃的课堂氛围，激发学习兴趣。

（3）课后复习反馈阶段——测试、巩固课后复习反馈阶段是在该章节教学内容完成后对学生学习效果的评测，主要关注是否实现了预期的教学目标。教师使用平台的投票问卷、测试、作业任务等功能上传课后拓展练习，设置相应的经验值以鼓励学生。学生在前两个阶段学习的基础上，需认真做好复习与总结，并按时完成教师上传的后测练习。

（三）大数据背景下的日语混合式教学效果

在日语混合式教学的实施过程中，学生是教学的主体，教师充当引导者的角色。在实际教学过程中，运用于日语教学中的混合式教学模式的效果已逐渐凸显。移动终端教学软件的可携带性为学生随时随地进行学习提供了可能，网络上丰富的教学资源为学生深入学习提供了便利。依托教学平台，教师可以及时跟踪学生的动态学习数据，掌握学生的学习进展。共同解决新型教学模式中出现的问题，为教师之间的合作共建提供了契机。

（1）激发学生的学习兴趣

日语是一门应用型学科，混合式教学有利于学生将理论知识与实践相结合，激发学习兴趣。学生借助教学平台获取与课堂教学密切相关联的教学资源，无须浪费大量时间在海量数据中筛选，高效地利用有限的学习时间。利用教学平台，教师布置相应的教学任务，学生自主完成平台学习。教师根据平台统计的数据实时跟踪学生的完成进度，督促、鼓励学生，在平台上使用点评、经验值奖励等功能实现扩展性教学，组织师生讨论、学生小组讨论。学生利用移动终端教学软件，在任何有网络的环境下均可进行自主学习，并能根据自身兴趣选择符合自己的方式进行学习，提高学生的创造力与解决问题的能力。实践证明日语混合式教学很好地践行了以学生为本的教育理念。

（2）督促教师的教学活动

在大数据背景下，教师应积极发挥主导作用，加强对学生这一教学主体的指导。混合式教学对教师也提出了更高的要求，无论在教学设计、教学组织等课程总体实施方面，抑或是教学课件、教学任务设计等具体内容方面，都要求教师投入更多的精力与时间充分备课。如果教师的课程设计缺乏合理的教学规划、有趣的教学内容，在没有教师随时监督的课后阶段，很难激发学生的学习主动性，提高学生的学习能力，学习效果也成为空谈。因此，日语混合式教学可以督促教师选取贴近时代发展的教学内容，采取行之有效的教学方式，进而激励教师自身教学水平与综合素质的提升。

（3）提高教学团队的水平

传统的日语教学主要是教师本人具体实施备课、授课、评价等环节，与此相对，混合式教学的在线课程则需要教学团队的协作，分工完成教学资源的准备、师师交流、师生互动等。教学平台上传的数据是面向所有学生的教学资源，其他年级的日语专业学生也可以使用平台进行提前学习或知识巩固。混合式教学实施过程中，主讲教师间合作交流有利于学生高效利用平台数据进行学习。由此可见，日语混合式教学亟待日语教师间的合作共建。通过定期召开线上线下交流讨论会，互相学习扬长避短，提高教学团队的整体素质与水平。

（4）利于实施过程性评价

日语混合式教学评价在传统终结性评价的基础上，结合过程性评价与实践性评价于一体，加入学习过程中的参与度、互动性、目标实现情况等方面的评价，积极开展教师评价、学生自评、生生互评，实现全方位的教学评价。有赖于师生间的配合、生生间的合作而实现的多功能合一的教学评价，有利于端正学生的学习态度，激发学生的学习热情，营造良好的学习氛围，提升学生的学习效率与质量，促使学生专业水平、学习方法、团队协作能力的综合提升。

第二节　基于产出导向混合式教学模式下的基础日语训练

一、基础日语教学现状

（一）基础日语教学低效的现象分析

1．复习不能为新课起到铺垫作用

一般在新课之前会进行复习，其目的是为了巩固、深化前面学过的内容，但更重要的是为新课的教学作一个铺垫，起到以旧带新、温故知新的作用。日常教学中，一些课的复习内容与新课的内容不能有机地联系起来，导致下一步教学活动步履艰难，失去教学的有效性。如在教学生说年月日的时候，没有事先复习日语数字的数法，「いち（1）、に（2）、さん（3）、よん（4）、ご（5）…」，学生一碰到数字就可卡住了，这样一来，学生负重参与教学活动，教学流程受阻，延误了大量的有效教学活动。

2. 呈现新内容直观性不够

日语教学在呈现新内容时，应尽量借助教学挂图、卡片、简笔画、投影仪和实物教具，必要时还要运用动作、面部表情来辅助介绍新语言知识，以增强教学的直观性，降低理解的难度，提高理解的准确率。而在基础日语课堂上，有时教学没有直观性，翻来覆去地解释，学生还是不理解，使教学效率大打折扣。例如，在教授“~ている（~ています）”（表示正在进行某一动作或是描述某一状态）这一内容时，往往先解释句型的接续和句型所表示的概念及其用法，然后举例加以说明或让学生做替换练习。这样，学生听课吃力，未必真正理解教师所讲的内容，也不一定会运用。

3. 创设的教学情景对要呈现的内容没有注释性

教学时为了让学生更有效地理解教学内容，需要创设一定的教学情景，以增强教学的直观性和可理解性。这就要求创设的教学情景对要教学的内容有注释性、解释性。如在教学「お名前はなんと言いますか」（你叫什么名字?）「（私は）と言います」（我叫……）这一内容时，教师直接对某个学生提出「お名前はなんと言いますか」（你叫什么名字?），然后等着学生回答。从某种程度上来说，教师虽然创设了教学的情景，但是这个情景对教学内容「お名前はなんと言いますか」（你叫什么名字?）没有解释性和注释性，学生作答仍存在困难。

4. 新旧知识联系不紧密

介绍新语言时，要借助学过的语言知识创设有意义的语境，同时把新语言知识有机地融汇在精心创设的语境中，让学生在真实语言情景中理解新语言知识，使新知识依附于旧知识。实际教学活动中，新旧知识联系不紧密，新知识没有依附旧知识的现象时有发生。因此新知识不容易被学生记住，有时即使记住了，保持的时间也不会很长，同样会失去其有效性。

5．指令不明确

发出指令后，学生不能做出相应反应，每个教学活动之前，要向学生交待清楚活动的目的和要求，以免造成学生的误解而引起不必要的混乱。为了使指令明确，常常要借助手势、面部表情等帮助学生理解并迅速做出反应，提高教学的有效性。事实上，教学中常常出现指令不明确的现象，发出指令后，学生反应不一致，或不能马上做出反应，导致教学秩序混乱或延缓了教学进程。如，一位老师在分组练习之前向学生发出指令：グループになって練習してください（组成小组进行练习）。学生不明白该几个人分为一组。于是三个一伙、五个一群乱作一团，严重影响了教学的有效性。

6．设计交际运用的练习，没有信息差

设计交际运用的练习，没有信息差会导致课堂活动在不真实的语境界中进行在设计练习运用「コソアト」时，一般的练习形式是：老师指着教室内的桌椅、电视机、黑板、地图等，或者是自带的教具，进行运用的练习：T：「これ/それ/あれは何ですか。」（这/那是什么?）S：「これ/それ/あれは椅子/机/テレビ/地図/…です。」（这/那是桌椅/电视机/黑板/地图……）这样一来，这个交际运用的练习设计就没有达到预期的效果。因为同样面对一张桌子、一台电视机、一块黑板、一张地图，提问者和回答者之间没有存在任何的信息差，于是这样的练习就变成了单词和句型的机械练习。

（二）基础日语课堂教学活动低效的原因分析

第一，从课程的角度来说，目前基础日语课堂教学缺少相应的学习情境、活动情景。日语教师一般认为课文内容已经是很好的情境了，不必再专门设计情境，只要让学生反复模拟练习即可。还有的教师（包括笔者）认为，课堂时间分配不必做到那么严格，否则会有一种受限的感觉。此外，在授课的过程中，会出现灵机一动，进行拓展的情况，由于事先没有进行相应的教学情境设计，这样的拓展显得随机且凌乱，对学生的理解没有起到很好的帮助作用。

第二，从语言习得的角度来说，目前基础日语课堂教学缺少符合实际意义上的运用。由于课堂时间和课时的有限性，以及高职高专班级人数比较多（一般是≥30 人/班），相应的知识点要做到让每个学生都有练习的机会已经比较困难，符合实际意义的运用，操作上则更有难度。这可以说是客观方面的原因。主观上的原因则可以归纳为，学生希望增加老师讲授的时间和比例，从而能真正学到更多的知识，打牢基础。相对于自主学习，他们更希望从老师那里获取更多的知识。

第三，课堂教学依然停留在以讲解语言点和机械训练为主的传统教学模式。从授课流程来说，目前基础日语课堂教学流程基本是这样的模式：学生先听教师讲生词、语法，随后听教师串讲课文，最后做课本上的机械性练习。在课堂学习的过程中，通过教师对语言知识的呈现和操练试图让学生掌握，然后再让学生在控制或者是半控制的状态之下进行假设交际，从而达到语言的输出，取得学习成果。可以说，课堂教学依然停留在以讲解语言点和机械训练为主的传统教学模式。此外，传统的基础日语教学，更重视日语知识的机械输入和积累，而忽视学生学习日语过程的启发，特别是日语语言的实践活动等过程，学生被动学习，课堂气氛缺乏活力和生机，师生之间缺少情感交流，无有效互动。

二、基于产出导向法的日语基础训练

综合国内外混合式学习模式以及信息技术与外语课程整合的模式，构建网络多媒体环境下的立体教学体系，优化课程资源，改革教学方法，实行以“产出为导向”的综合技能教学法，倡导启发式、探究式、讨论式、参与式教学，革新教学内容，创新课堂教学设计，开展多样化的线上线下教学活动，融合课堂教学和在线自主学习，改革教学评价方式，构建专业日语混合式教学模式。具体如表 6-2-1 所示。

表 6-2-1　基于产出导向法的日语基础混合式教学模式

<table>
<tr><th>教学方式</th><th>教学内容和流程</th><th>互动方式</th></tr>
<tr><td rowspan="4">自主学习</td><td>1. 教材学习：
（1）预习课文，提出阅读疑问，以学习小组为单位，讨论形成小组问题，汇总后上传至班级共享
（2）观看相关主题的微课、慕课，小组讨论
（3）在线搜索单元背景知识，以小组为单位准备课堂汇报</td><td rowspan="4">学生—学生</td></tr>
<tr><td>2. 课堂活动准备：
（1）跟读模仿美文音频，朗诵名家名篇
（2）每周日语时事新闻报道材料搜集、课件制作和课堂展示演练</td></tr>
<tr><td>3. 课外阅读拓展：
（1）在线阅读课堂时事新闻报道相关外媒网站文章
（2）日原版书籍（教师提供学期阅读书目和 Kindle reading package，学生自选）</td></tr>
<tr><td>4. 课外写作拓展：
（1）根据课文单元话题进行话题写作，在线提交
（2）根据本周课堂日语新闻报道话题，阅读相关文章基础上写概要、书面评论或翻译，在线提交</td></tr>
<tr><td rowspan="3">在线交流</td><td>1. 教师在网络课程辅导交流板块答疑解惑</td><td rowspan="3">教师—学生</td></tr>
<tr><td>2. 每周课堂活动课件反馈和展示培训</td></tr>
<tr><td>3. 课后作业反馈、评价、共享</td></tr>
<tr><td rowspan="4">课堂教学</td><td>1. 针对预习疑问课堂讨论</td><td rowspan="4">教师—学生
学生—学生</td></tr>
<tr><td>2. 学生课堂活动展示和小组汇报，师生共同点评、反馈</td></tr>
<tr><td>3. 单元测试和课后练习讲解</td></tr>
<tr><td>4. 当堂反馈课后写作</td></tr>
</table>

该模式把基础日语课程学习分为三个阶段，每个阶段的学习环境、学习方式、互动方式和评价方式均不相同。自主学习是混合式教学模式的基

础，在线辅导是混合式教学模式的保障，课堂研讨是混合式教学模式的核心。

第一阶段：课前自主学习，分为教材学习、课堂活动准备、课外阅读拓展和课外写作拓展四个环节。课前预习阶段为翻转课堂模式，主要以小组合作形式进行。教师在学期初将课程教学大纲、教学计划、教学进度、评价方式等发布在网络课程平台，每个单元上课前将相关预习课件、视频、音频等上传教学资源区。

学生先自主预习，提出阅读疑问，问题可关于文章主题、篇章结构、文本理解、背景知识、句法语法、语言使用等各方面，以学习小组为单位先进行讨论，之后形成小组问题汇总，最后上传至班级 QQ 群待课堂讨论。此外，就课文背景、主题等相关话题进行网络搜索，在线课程、慕课、微课视频观看，小组讨论，形成小组观点，并准备课堂小组汇报。课堂活动准备主要针对美文背诵赏析和日语新闻报道，课前自主模仿跟读音频直至熟读背诵，并以两两合作方式确定新闻报道主题，搜集材料、制作课件、演练课堂展示等。

课外阅读拓展主要有两个方面：针对每周日语时事新闻报道的相关外媒文章在线阅读和英文原版书籍阅读，学期初教师提供学期阅读参考书目和 Kindle Reading Package，学生自行选择，课外自主阅读，期末撰写读书报告。课外写作拓展是指课堂驱动促成和课后选择性输入之后的产出，主要有课文主题相关的话题写作和每周日语新闻报道相关的翻译、概要写作和书面评论，后者与 2016 年改革后的专四写作新题型契合。学生课外自主完成，在线提交。本阶段的互动主要集中在学生和学生之间，尤其是小组成员之间。评价方式为小组互评和教师评价。

第二阶段：在线交流辅导。这一阶段主要在网络课程平台、班级 QQ 群、微信群和个人 QQ、微信等交互平台进行，教师针对学生提出的关于学习方法、课程内容等方面的问题答疑解惑；对每周课堂活动课件进行一对一即时反馈，并对其课堂展示进行培训辅导；对课后作业（话题写作、新闻评论等）进行书面评价反馈，每周选出优秀作品，并上传至班级 QQ 群共享。互动方式主要为教师和学生整体或个体的在线交流。评价方式主要为教师评价。

第三阶段：课堂展示讨论。课堂教学是本模式中最为核心的环节，主要由学生展示和师生共同讨论、教师讲解组成。基础日语课每周有两次课，每次两个课时，每两周完成一个单元。每周第一课时为学生课堂实践活动：美文背诵赏析和日语新闻报道。美文背诵赏析约 15 分钟，全班朗读、学生朗诵和师生共同赏析、话题讨论，日语新闻报道共约 20 分钟，两两组合借助多媒体课件报道并组织全班讨论互动约 10 分钟，之后师生共同点评、反馈，教师总结拓展共 10 分钟。以学生为主体的课堂实践活动旨在拓宽学生视野，培养学生综合语言技能和思辨能力。

之后的课文学习主要为小组汇报（1 课时）及课文问题解决和文本分析（3~4 课时）。首先各小组根据课前预习任务作展示汇报，如作者信息、课文背景、主题关键词等，教师组织点评、讨论；之后针对预习疑问进行课堂讨论，着重就文本主题、语篇类型、篇章结构、文本解读、写作技能、相关话题等进行深入讨论，关注知识的巩固和内化，拓展和延伸，训练学生批判性阅读能力和思辨能力；最后一次课进行单元测试和课后练习讲解，以巩固语言知识，提高语言能力，并当堂反馈课后写作，选择部分写作样本进行讲解评析，训练写作技能和思辨能力。本阶段的互动主要为师生、生生之间面对面的互动交流。评价方式为课堂即口头评价，学生自评、同伴互评和教师评价相结合。

整个教学模式三个阶段采用以产出为导向的综合技能教学法。以产出为导向的综合技能教学法基于文秋芳（2015）“产出导向法”“学用一体”的教学理念，以学生的产出为导向，通过输入促成，选择性学习，发挥教师的脚手架作用，将口头表达和书面表达相结合，课堂讨论和课外评论相结合，综合训练学生听、说、读、写、译等语言技能，培养学生理解、分析、评价、创造等思辨技能。

三、混合式教学模式下的基础日语训练

（一）通过教学资源建设，提高学生自主学习兴趣

1．线下充分利用信息化手段制作微课

线上学习资源以微课学习为主，短小的知识点如何能够吸引学习者，

自主进行视频学习，需要对视频内容进行优化。把传统单一的线上授课形式照搬到视频拍摄中，显然不能提高学生的点击兴趣。学生善于使用手机，并积极接触各种 APP 软件，了解和使用信息化技术，并及时在同学间进行传播。针对学生的学习特点，制作学生受欢迎的微课，可以不断提高学生的视频学习动力。信息化教学模式改变了以往枯燥的“讲解”方式，在教学中借助各种教学资源、信息技术，使教学知识点更加形象生动，易于理解。在视觉上提高审美、乐趣、观赏，在听觉上提高日语“源”发音的机会，提高日语发音的可信度，增加学生对知识点的信赖感，促进知识点的理解。外语的学习离不开“听”“说”“读”“写”“译”综合知识的运用。通过丰富的信息化手段，提高对日语综合知识的理解。在教学资源建设中，有效利用多种教学手段，激发学生的学习兴趣，提高对日语的初步认知，加强对知识点的巩固。具体信息化手段如下。

（1）以案例式教学补充知识点的应用，穿插各种视频场景。增加词汇和语法的应用环境，提高感官认识，加强语法的应用。

（2）动画制作，将知识点设置在动画场景中，丰富教学内容，提高学生的兴趣，使教学更加形象生动。

（3）增加互动环节，微课程中也可以增加短小的互动环节。比如增加听力回答，增加练习内容，给出一定的时间让学生思考问题。运用听力资源，制作练习动画等环节，增加知识点的巩固。

2. 线上运用信息化手段巩固知识点

打破传统的听课文、读课文、写作业、说会话、译习题的模式，在线上教学中运用多种信息化技术，多角度提高日语综合运用能力水平。教学平台是课前预习、课中学习、课后拓展任务提交的重要学习平台，融“听”“说”“读”“写”“译”于一体的技术支撑，可进行日语基础知识的朗读、测试、视频学习与作品任务提交，学习成绩分析、学习效果评价等。利用问卷调查类平台，在每次课程结束，学生进行学习效果的线上线下自评、互评，进行现场打分，或者用于评选课堂之星等。通过课堂内参与问卷，学生可以对自己的学习状态进行反省，对团队及他人学习情况进行评价，以更好地完成下次任务。利用投屏软件，可以增加教学环境的临场感，提高教学效果。将学生上传平台的内容、测试成绩分析、视频制作等内容通过投屏，让全班同学直观地感受职业环境，贴近职场场景。配音类平台是掌握学生语音、语调的重要平台，制作教学内容配套的会话配音，来调动学生热爱阅读热爱日语的兴趣。利用趣味教学平台，在有限的时间内，进行日语词汇、短语的正确选择，在音乐伴奏下，增加课堂趣味性的同时，强化巩固了重难点知识。还可以通过互相抢答等方式，在轻松愉悦的气氛下，来完成课堂中的重难点知识回答，促进基本知识的掌握。

3．有效利用中日语言文化，提高学习者学习兴趣

通过日语文字与中国文字的关系，提高学生自主学习能力。中国是世界最早使用汉字的国家，汉字传到日本以后，经过日本人改良和创新，汉字的使用含义有了不同的变化。通过导入日本汉字来源的讲解，增加学生使用中国汉字的自豪感的同时，提高对日语语言的亲近感，提高对日语的学习兴趣。《基础日语》初级阶段中有日语发音、词汇与语法三部分的学习。日语发音以50音图为主，分为平假名和片假名。无论平假名还是片假名都与中国汉字有关，对照50音图与中国汉字的关系，总结规律，编制绕口令等方式，强化假名的记忆。日语的词汇发音中有中式发音与和式发音。在教学中找出中式发音与和式发音规律，归纳中国式发音特点，提高学生发音的认知度，增加词汇的记忆。日语汉字的写法离不开中文汉字，但是日语汉字与中文汉字既有相同又有不同。追寻中文与日文汉字的起源，可以了解很多汉字相关的故事，通过对“汉字故事”的讲解，增加学生的学习积极性。

（二）通过改善混合教学学习模式，提高自主学习内在动力

1．混合教学模式在学生学习中的受众度

学生对混合教学的认可度更高，其原因主要为：（1）混合式的教学手段将传统和网络教学的优势加以结合，既摆脱了传统教学模式中相对死板的教学方式，又增添了网络课程的一些创新。（2）对于传统教学，学生会感觉枯燥无味，而单纯的网络教学缺少老师的监督，自律性不够的学生会出现消极学习的情况。而混合式教学既解决了网络教学中无法管控学生们的情况，也缓解了传统教学中教学单一的问题，提高了学习的趣味性。（3）有些学生表示，对于一些专业课的实际操作知识，有教师的指导效率

会得到明显的提升，但有些简单易懂纯理论的知识，不用老师耽误课堂教学时间，一字不漏地讲解，回去观看网课就能明白。而混合式教学将两者优势融合在一起，这样既能节省老师的上课时间，让老师在课堂上多讲解重难点，又能让基础好的学生觉得不会浪费课堂时间。

2．混合教学模式实例

（1）巧用多种信息化手段，提高基础知识的掌握。为了不断提高学生自主学习能力，提高线上学习氛围和学习效果，运用多种信息化手段，以学生自主学习、自主思考、自主行动为主，进行任务式教学设计。增加小组协作学习模式，贯穿在课前预习与课中学习活动中。在有人监督，同学间任务分工的情况下，学生的学习积极性比较高。实践证明，小组合作学习，其实效显著，更能发挥个体的学习动力和能力。变被动学习为主动学习，可以充分激发学生的创造性。在《基础日语》课程的课前预习中，充分利用不同的信息化手段，完成教学基础知识点的自我记忆与练习。

（2）充分调动小组合作意识，提高学习的主动性。将《基础日语》课程按照课前预习与课中学习，设置不同的小组合作任务。将教学内容按照课前线上预习与课中线下教学，进行具体任务布置。课前线上任务布置：根据教学内容的需要，设置形式多样的小组任务。①知识点的分析任务。需要学生提前掌握课文内容，掌握新词汇或语法的含义，小组间互相介绍不同分工的知识点内容，提高小组整体的知识储备水平。②撰写相关课题的日语作文初稿。组内可以分工设置作文题材，收集作文材料，分段撰写作文内容等。

课中线下任务布置：通过线上学习水平与学习状态，在线下课堂中，进行有针对性的教学内容补充，同时在线下教学过程中，充分发挥小组协作性，以学生为主体，进行教学内容的安排，通过学生自主学习，查找需要解决的教学内容，教师参与问题解决的过程中，能够有效提高知识点的理解能力，提高教学效果。

第三节　基于产出导向混合式教学模式下的日语听说训练

一、日语口语能力的训练

（一）日语口语说不好的原因分析

为了找到学生日语口语说不好的原因，笔者采用了问卷调查法、聊天法以及自我分析法等方式对学习日语的学生进行了研究和调查。通过这些具体方法分析出现代学生日语口语说不好的几点原因如下。

（1）应试教育的影响。如今大多数学生学习日语的需求都是建立在考试的基础上的。除了少部分对日本文化的喜好者外，大部分人都是为了通过各种各样的考试，比如国际日语能力水平测试、职称日语考试、大学日语四级考试、高校日语入学考试等。而且上述日语考试均没有口语考试环节，所以这就造成了很多学生包括很多学校开展的日语课以及各种日语语言学校都对口语技能的培养非常不重视。教师们只是根据考试大纲对学生进行大量的阅读、写作训练，以此快速提高日语成绩而忽略日语口语交流的环节。

（2）教学方式的缺陷。目前传统的日语教学方式仍然是教师对学生进行面授，一节课老师不停地讲解，讲解的内容也侧重于语言知识和考试技能，通常是通读一遍课文，学生大概了解课文意思后进行重点难点句子、字词的分析，最后进行跟读和背诵。这种教学方式仍然是教师教学工作的主体，而学生只能被动接受知识，其确实是能够短期快速让学生的日语考试成绩得以提升，但同时很多学生难以接受这种教学方式，也为学生增加了很多的负担，课后需要记忆大量的知识点。

（3）学生心理上的障碍。很多国人在学习外语时都存在着一种难以开口的“羞耻心”。很多学生害怕自己的口语被老师、其他同学或者其他人嘲笑，所以通常不敢在别人面前自信地说日语，有些学生只能自己一个人的时候偷偷读课文，因为没有教师的教导，即使有错误也难以察觉，学习效率低下。

（4）基础知识不扎实。语言的应用是离不开其基础知识的掌握的，试想一下如果一个人一个字也不认识，又不是本国人，没有多年语言环境的熏陶，那么他又如何能开口说这门语言呢？在日常教学中，笔者发现很多学生不是不敢去开口说日语，而是想说却说不出口。同时在日语中，表示一个意思的话又有很多种说法，且需要用在不同的语境中，例如日语的敬语等。这也对学生开口说日语造成了一定的困扰。

（5）缺乏良好的语言环境。日语在我们国家仍然只是一个小语种，它不如同英语一样学习的人数众多，普及范围也非常之广。虽然有那么多人都在学习英文，但是如今英语的口语水平仍是很多国人的一个痛点，更不必说日语的口语水平了。可见我们国家对于外语的应用范围仍非常狭隘，寻求一个良好的外语环境更是难上加难。

（二）“产出导向法”视域下的大学日语会话课堂

日语初级会话课程适用于大学日语一年级学生，主要学习日语发音、声调、语调和简单的日常生活用语。《当代日本语会话》初中级是由大连理工大学出版社出版的日语会话教材，该书包括上篇和下篇两部分，上篇即初级会话，适用于日语一年级；下篇是中级会话，适用于日语二年级。本文以上篇中的“第四课在面包店”为示例，探讨 POA 理论指导下的日语会话课堂教学模式设计。

1. 现行课堂教学与 POA 视域下课堂教学总体框架对比

据笔者观察，现行的日语会话课堂大多以朗读会话和口语替换练习为主要教学内容。具体如下：流程 1 单词：教师领读单词并简单释义，学生熟读单词；流程 2 会话：①教师领读会话，并简单讲解会话中出现的小语法点，补充相关句式；②学生分角色熟读会话，教师指导并纠正错误；流程 3 回答问题：教师针对小会话内容对学生提问，考查学生对语句、会话内容的理解程度；流程 4 练习：学生独立完成课后练习Ⅰ、练习Ⅱ后，教师给予指导并讲解练习。

POA 理论指导下的课堂教学主要分为驱动、促成和产出三大流程。现行日语会话课堂教学模式侧重于培养学生听、读等输入能力，通过课堂替换练习的形式巩固单词和语法点的学习。但实际上学生从“能听懂”“能读懂”，达到“能说”的程度，还需要反复的训练和不断的积累，因此课堂上教师应为学生提供更多“说日语”的机会。POA 理论指导下的会话课堂，以会话、单词、语法解析和练习为材料或手段，学生通过情景会话实现多说、多产出的教学目标。下面以 POA 理论为指导，具体从课堂教学的驱动、促成和产出三方面设计日语会话的课堂教学模式。

2. POA 视域下课堂教学框架

POA 理论认为，在驱动、促成、产出三大教学环节中，驱动环节是第一个环节，也是最具特色的环节。它突出了语言学习的目标性，倡导学习过程中的选择性。

评估驱动环节质量的指标有三个：交际真实性、认知挑战性和产出目标恰当性。交际真实性指的是所设计的产出任务，一定是现在或未来可能发生的交际活动；认知挑战性指的是所设计的产出任务一方面要能够增加学生的新知识，另一方面要能够拓展学生的思辨能力；产出目标恰当性指的是要求学生尝试产出的任务应符合学生的语言水平，产出任务过难或过易都会影响学生学习的积极性。

促成活动的设计理念促成活动是 POA 课程设计和教学流程的核心环节，是贯彻“学用一体”教学理念最重要的一环。促成活动一般会包含几个或多个驱动、促成和产出的子循环，以降低总产出任务的难度，同时缩小产出与输出之间的距离。为了提高课堂输入效率，在设计促成活动中，教师要倡导学生选择性学习，即选择对于产出目标有用的内容、语言形式和话语结构。同时，教师要发挥好“脚手架”的作用，因材施教，为学生进行个性化教学指导。

促成活动的基本环节在本课的学习中，具体分为两个子促成环节（促成 1 和促成 2），下面以促成 1 为例详细讲解促成活动的设计方案。促成活动 1 包括驱动 1、促成 1 和产出 1 三部分。驱动 1 教师为学生展示面包店各种甜点和饮品的图片，如火腿面包、鸡蛋面包和各种三明治等。以面包店为背景，展开留学生小李在面包店询问店员各种甜点名称和价格的对话。

学生 1 饰演留学生小李，学生 2 饰演面包店店员。学生在情景会话中会意识到用日语交流存在障碍。教师提出促成 1 的产出目标，设定留学生小李在面包店买面包的场景，以此为主题展开情景对话。为完成促成 1 的产出目标，学生所需的促成材料是单词 10 个、小会话一篇、练习 Ⅰ 和语法解释 1、2、3、4。由于日语初级水平的大学一年级学生的语言基础薄弱，因此，单词、小会话和语法解释三部分的学习非常重要。首先，单词部分需要教师领读，学生跟读、熟读。

教师尤其要注意指导学生发音、声调。本课单词以名词居多，因此单词释义方面不需要教师指导。熟悉单词之后，教师引导学生进入小会话部分，教师仍然要领读会话，学生跟读、熟读。语法点解释在会话讲解中进行，不再单独讲解语法句型。练习 Ⅰ 是对小会话的巩固和词汇量的扩充，教师组织学生分组进行替换练习，在练习中教师要对学生遇到的困难给予帮助，并及时纠正发音、声调和对篇章理解的偏差，以保证学生高效完成替换练习。最后，经过上述促成 1 环节，教师组织学生 1 饰演留学生小李，学生 2、3 分别饰演木村和面包店店员，完成情景对话。在产出 1 环节中出现的各种错误，教师要及时给予相应的指导与评价，并尽可能让更多的学生在课堂上尝试完成产出任务。至此，促成活动的第一个子环节完成。促成活动 2 同样参照促成活动 1 的模式展开，在此不再赘述。

POA 理论始于“产出”，终于“产出”，其显性的终极目标是提高学生的语言产出能力，隐性终极目标是提高人的素质。因此，笔者在设计本课的总产出任务时，遵循了真实性、交际性、人文性和可操作性四大原则。

根据 POA 理论，产出任务分为复习性产出与迁移性产出两种。在每个促成阶段，学生分步完成两个产出子任务，课堂上教师要求学生连贯地完成总产出任务中的口头产出，这部分属于复习性迁移；总产出任务的书面产出，是与本课内容相关、具有一定相似性的新任务，属于迁移性产出。口头产出任务，教师会组织全体学生完成并在课上给予指导，即课内评价。对于书面产出部分，教师会在课后对所有学生的任务给出评价，即课外评价。

二、基于产出导向法的日语初级听力教学

（一）驱动阶段

产出导向法（POA）非常注重学生的语言表达，它督促教师通过制定能够引起学生“饥饿状态”的任务目标，为学生设置导入性的驱动流程。在驱动流程中有三个环节：（1）教师呈现交际场景；（2）学生尝试产出；（3）教师说明教学目标和产出任务。

大一学生的听力课程，基于《初级日语听力教程》来进行。不同于大一上学期多专注于假名听写的练习，大一下学期的听力课程对学生的口语表达能力有了更高的要求。比如说，《初级日语听力教程》第 11 课之后的主题有：自我介绍、我的家人、料理教室、画图形、利用交通工具、表达自己的看法、写日记、生病、找房子、入学申请书等。这些主题种类丰富、实用性强，能够满足大一学生的“饥饿性”的口语练习意愿，富有挑战性，非常适合做 POA 驱动阶段教学目标的产出任务。

以第 11 课“自我介绍”为例，教师需要呈现交际场景，即让学生直面“自我介绍”的交际场景，尝试利用现有的词汇和语法完整进行自我介绍。因为大一的课程较为简单，因此课程目标（母任务）便是每一课的主题，简单明了。学生需要提前预习，了解课本设置的每课新单词和重要语法解说。这个过程通常只需要花费几分钟时间即可。

（二）促成阶段

学生接受了本课要完成的任务——本课课文题目所示的主题，并且做过尝试性产出，那么势必就要自己开始思索自己还需要哪些内容（ideas）、语言形式（language）和用语言表达内容的话语结构（discourse structure），所以势必也能集中注意力，有目的地听取听力素材里的内容。促成阶段要求教师对学生的接受度进行即时地检查，听力课程就能很好地完成这一点，这也是本课程的特点。教师在播放一遍到三遍听力素材后，可以通过听力课程软件或是在线课程功能等检查学生的答案是否完全正确，正确率

是多少，甚至能够收集学生觉得何处比较困难的意见，以作为改进下一次教学的依据。这个过程最好在课堂上完成，因此借助科技手段就越来越必要。

本阶段可开展几个子任务。子任务 1：学生对听力素材（输入）进行短句式的原文复述（输出）。教师根据学生的复述情况评估其学习情况。在复述的过程中，教师必须紧扣主题“自我介绍”所需的语言形式和话语结构，在听力素材出现这些表达时要对学生予以重点强调，并让学生进行重复练习。子任务 2：复述结束后，学生基于听力素材（输入）进行段落式的回忆性复述（输出）。可以以小组形式进行，由教师进行即时抽查或让学生传至在线课程（如超星）的讨论帖进行课后检查。子任务 3：学生对教师提供的面试用的优秀的自我介绍范文（输入），或者日剧中人物角色的“自我介绍”短视频（输入）进行分析，再结合自身情况进行模仿（输出）。模仿时，可以根据教师提供的描述人物性格的日语词汇和相关语法（输入）组织语言（输出）。

在看范文或视频的阶段，教师可以引导学生对材料展开细致的分析，为学生生动讲解案例材料中关于“自我介绍”的内容、语言形式和话语结构，以及需要注意的问题。比如，面试时的自我介绍需要注意：需要首先强调自己的性格特征，再注意用自己经历过的事例证明自己确实具有之前提到的性格，最后强调自己的性格符合自己要应聘的职位等等。又比如，同学朋友间的自我介绍则需要注重用幽默的事例吸引大家注意，为大家留下深刻的印象等等。模仿阶段，教师可以开展小组练习，对学生的练习进行逐个跳跃式检查或抽查。

（三）评价

POA 的评价分为即时评价和延时评价两种。前者主要在促成阶段完成，听力课上的即时评价是所有师生共同参与的，学生能对自己及同学的情况进行直观地掌握。所以，教师应在课程快结束时让学生对自己的本堂课表现做一个自我评价，记录到学习档案当中。在这之后，教师还需要再次强调本课主题所需的语言表达形式和话语结构。延时评价是学生根据教师要求经过课外练习后，将成果提交给教师的评价。那么在下次课程上课前，教师需要完成对学生的复习性产出和迁移性产出的延时性评价。教师可以将子任务 2 作为复习性产出，子任务 3 作为迁移性产出，这些都可以在超星等在线课程软件上进行检查并作出相应的评价。又或者，在下一次课上课前以抽查的形式进行评价。此外，还可以让学生进行互评，最后由教师进行总评。在学期末，教师还可以通过学生自评的学习档案，以抽查的形式对本学期各个主题的掌握程度进行再一次的评估。总之，坚持复习、输出驱动、输入促成和多样性评价，让学生自己做学习档案，是本次教学设计的重点。

在三个阶段的学习中，采用传统课堂教学和网络教学相结合的模式，不但可以避免采用单一的传统教学模式造成学生没有实践操作和运用的机会，还可以防止采用单一的网络教学方法造成学生没有教师的督促和引导而产生松懈、消极的学习态度。在这种混合教学方式下，学生的学习动机、网络教学平台的稳定运行和师生之间的互动交流这三个条件共同决定了学生的学习效果。因此，想要获得较好的学习成效，就必然要将这三个条件进行协调，使得混合教学模式发挥最大作用。而且引入“互联网+”的日语教学模式，能帮助学生尽可能地将零碎时间充分利用起来进行学习，不受时间和地点限制，使得理工科院校日语学习时间不够的问题也可以得到很好的解决。随着网络化的深入发展，“互联网+”运用到教学中，在给师生的教学带来了很多资源的同时也给师生带来了新的问题。

第四节　基于产出导向混合式教学模式下的日语阅读与翻译训练

一、翻译能力概述

（一）能力

能力实际上是一个综合性很强的概念。与技能相比，技能具有“可传授性、可模仿性、可操作性”的特点。而“能力”的基本特征难以言传，也就是具有“只可意会性”，很难用“第一步做什么，第二步做什么，第三步做什么”这样的语言来表达，因此，技能层面所要求的活动常常定位在专门活动，而能力层面所要求的活动常常定位在综合活动。

语言能力包括了在不同层次上对两种语言的掌握和熟练程度。转换机制、语际间的调节和综合合成势必会增强对语言的选择和表达，而修辞、风格，主题知识的造诣和文化意识又表现了在更高层次上对语言的掌握。语言转换是翻译过程和译者专业操作的特征。在语言转换中，译者应用了一系列的技巧，使各种成分能力协同一致，将原文转换成译文，充分体现了译者的专业特长。当译者参照原文意义寻求译入语的对应概念和表达方式时，转换活动是可见的；而当译者在短期记忆中从多种选择中寻找、比较、选择对应并做出决定时，转换活动是不可见的。语言转换具有一定的不可控性，因为语言转换中的自动过程译者本人也不能做出解释。各种不同的语言因素在语言转换中发挥作用。译者的认知机制和交际能力也会加强或区别其转换能力，因此也影响了翻译质量。

（二）翻译能力

不言而喻，翻译能力的概念要比 Chomsky 的能力更加复杂，是指母语和非母语使用者对母语句法及语义规定的掌握。我想这一能力应该包括在交际能力中。翻译能力是交际能力的一种特殊表现形式。这一能力不但包括翻译还包括要知道如何去翻译。

所谓翻译能力，方梦之的《译学词典》中是这么界定的：把源语语篇翻译成目的语篇的能力，是译者的双语能力、翻译思维能力、双语的文化素质以及技巧运用能力等的综合体现。翻译能力不是指解决翻译问题的方法，而是译者在翻译过程中为了寻求解决翻译问题的方法时所依赖的语言资源。和其他的交际能力不同的是，翻译能力并不是均匀地被分配给语言学领域的每一个成员。也就是说不是每个人都能翻译，只有那些懂得如何翻译并有一定的翻译经验的人才能翻译。翻译能力这一概念不仅决定着翻译课程的大纲，而且是评价译者能力的一个重要标准。传统的翻译理论将能力与技能看作是一回事。这一观点模糊了语言的其他功能即听说读写。而翻译能力是随着译者对知识的掌握能力而发展起来的。翻译能力属于语言运用能力，它的培养离不开翻译教学和翻译实践。

笔者认为，学校翻译教学与职业翻译培训虽然都强调翻译人才培养，但就实用性而言，职业培训更有针对性和专业性。学校翻译教学又可分为外语语言能力和专门翻译能力两个阶段，学习者通过第一阶段的学习，达到对两种语言基本知识、技能、文化等的掌握，然后通过专门化学习和训练，掌握翻译知识、技巧和原则，熟悉双语转换规则，增强翻译能力并成为翻译人才。在某种意义上，可以说翻译人才的培养为“语言+翻译”模式，而前者为后者的基础。值得注意的是，在学校翻译教学中，无论是语言能力还是翻译能力培养，都可以在一定范围内使用教学翻译（语法翻译法）等形式进行，当然，这一教学方法需与其他方法相结合，才能取得更好的教学效果。

（三）翻译能力的界定

众所周知，复杂性是翻译区别于其他学术专业的一个显著特征。除此之外就是它的异质性。翻译对于不同人不同情况所要求译者的技巧是不一样的，比如普通大学、商界、艺术圈、法律界要求译者具备的知识和水平是不一样的，当然，译者不可能精通所有领域的翻译。相反，他们只要在某一领域具备使普通读者理解译文的内涵与升华就可以了。他们整体的交际能力，深层次的知识储备及理解能力都会在译者进行交际与翻译过程中发挥作用。而翻译一直以来都是一个开放性的学科，每段译文都没有也不会有准确的标准答案。在这一点上，译者的能力可能就要求有一定的创造性，译者接触的新东西新材料越多，他们接受的刺激越大，灵感也就越多，译文就会越精彩。当然这种创新必须要基于在一定的语境下翻译出了一个比较满意的结果。笔者认为，翻译能力的主要特征有：复杂性、异质性、近似性、开放性、创造性、情境性和历史性。毫无疑问，特定的翻译任务可能强调某一特定的翻译能力特征。比如在学术文献中，一些课件讲义是需要译者特别精心翻译的，学生在学习的过程中都是以认知为导向的。

在翻译过程中，以上提到的翻译一些基本特征往往是同时存在的。而译者，就需要依据这些基本特征来发展他们自身的翻译能力。但是，有时为了完成比较复杂的翻译任务，需要一个专业技术比较全面的译员。基于翻译能力的七个基本特性，我们可以发现翻译能力里存在着一些密切相关联的次能力，这些能力可能在不同的译员中不平衡地发展着，但是这些次能力缺少任何一个，可能翻译都不会正常有效地进行下去。我们可以暂时把它们称之为翻译能力的量化参数。分别如下：(1) 语言能力。(2) 文本能力。(3) 学科能力。(4) 文化能力。(5) 转换能力。这些能力之间相互作用相互影响，将翻译与交际区别开来。

1. 语言能力

翻译不仅仅是一个语言学上的话题，它体现很多学科的知识储备。但有一点是肯定的，语言能力是翻译能力中很重要的一个次能力，而且它比任何一个能力都更能体现对母语知识和技能掌握的价值和意义。非专业的译者可能会将其理解为掌握了好多种语言的人的能力。那些能够准确地掌握母语和目的语语法和句法结构的人所具有的能力是翻译能力中最基本的能力。在具体的翻译过程或工作过程中，变动可能会是随时存在的，这样仅仅依靠书本字典肯定是不够的，还需要随语境进行调整。

2. 文本能力

从翻译能力的语言参数到文本参数是存在一定的顺应关系的。Hatim认为文本能力就是指在翻译过程中我们不仅要关注那些语言系统中低水平的呆板的情况，还要关注在使用文本过程中出现的一些高阶因素。系统知识其实就是一些精准对话的整合，至少应该是这样的。正如常说的，翻译翻的更多的是人而不是语言，可能这样说过于绝对。翻译本身也具有一定的系统性。翻译系统遵照母语和目的语相应的文本语言标准。

3. 学科能力

学科知识比如百科知识和一些专业领域的知识对于译员来说可能不是特别的必要或时时需要，但是他们必须要知道通过什么途径能够获得这些知识。也就是说译者不需要了解所有的专业所有领域的知识，但是他们需要知道怎么获得这些知识。事实上就是这种对任何事情都有着无限好奇从而去寻找答案的能力构成了译者的学科能力。有一点需要注意的是，这种能力和专业领域的对学科知识的能力还是不一样的。译者对某一领域知识的了解远不如该领域内专业人士的掌握程度，所以如果译者能够得到专业人士的帮助，其翻译会更加简单容易一些。

4. 文化能力

这一能力可能不言而喻，文化差异对于翻译的影响是很大的，而且并不仅仅局限于文学因素上。一些技术文章上的翻译也是和文化差异息息相关的，一个文化上特殊的专业术语都会在翻译过程中给译者带来很大的困难。这一能力要求译者培养较强的洞察力来调整文化差异带来的束缚。尽管译者都具有一定的文化能力，但是他们在思考问题时还是按自己母语的文化模式来进行的。可能译者不能立刻区分母语和目的语之间文化的差异，但是至少应该有这个意识以至于在具体的翻译过程中不至于出错。

5. 转换能力

译者需要有一定的转换能力，这个转换能力是指文本与文本之间转换过程中所需要的技巧和策略。无论译者的知识多么丰富，个人能力多么强，语言技巧多么高深，如果没有一定的转换能力一切都是白费。光知道如何去翻译是不够的，其实更要去实践。转换能力也可分出好多它自身的次能力，包括理解能力（分析、综合和激活学科知识以抓住文本的主旨的能力），保持源语和目标语之间的差异性的能力（比如对干扰因素的控制），重新表述能力（文本组织和创造能力）及进行翻译过程的决策能力（翻译策略方法的选择）。

6. 次能力之间的关系

简而言之，前四种能力在某种程度上可以与其他交流者进行分享，而最后一种转换能力是每个译者所独有的能力。在某种程度上来说，转换能力在整个翻译能力中占着主导地位，转换技巧可能整合语言、文本、学科及文化方面的知识以满足翻译的需求。无论如何，这五个次能力相互影响，缺一不可，说转换能力重要并不是它就等同于翻译能力。而对于译者来说，只有通过不断的实践与总结才能真正地培养这种转换能力。可能这就是为什么翻译一般情况下都不太依赖理论。换句话说，语言能力、文本能力、文化能力和学科能力是一种静态形式上的知识储备（知道是什么）而转换能力则是一种动态的抽象的认知形式（知道怎么去做为什么要这样做）。翻译能力作为一个复杂的现象正是由上述这些次能力组成的，每一个次能力都在发挥着自身的作用帮助译者高效高质地完成翻译。在实际的翻译实践过程中，我们可学习译者如何有效利用他们的资源来培养自身的能力来完成比较棘手的翻译任务。

二、基于产出导向法的混合式日语翻译教学

（一）基于“产出导向法”理论的大学日语翻译课

近年来，基于产出导向法的日语课堂教学设计成果丰硕，而应用此理论的日语课堂教学设计成果屈指可数。尤其是日语翻译课堂设计的研究成果凤毛麟角。翻译是外语教学“听说读写译”当中的一个重要的环节，是前四项外语能力的综合“输出”。一直以来，我国外语学习者普遍存在“张口难”的情况，而且听力一直是薄弱环节，能够听得懂并讯速地将听到的内容准确地翻译出来的学生并不多，至于达到“信达雅”的高水平翻译的学生更是少之又少了。由于产出导向法理论当中的“产出”包含“说和写”“口译和笔译”两部分，因此，基于该理论的日语翻译课堂设计具有可行性。接下来，本文将从教材选取、教学流程、总结及评价等几方面入手，设计一套完整的日语翻译课堂教学流程，力图有效地提升日语翻译教学的效果，让学生能够学以致用。

1. 教材选取

产出导向法认为，“有利于人文性目标实现的话题分为两大类：第一，有利于学生树立正确的世界观、人生观和价值观。第二，有利于培养学生中外文明沟通互鉴和传播中国文化的能力”。因此，首先，要精心挑选授课教材。教材既要包括经典的教科书，也要有结合当前国内外形势选取的政治、经济、文化、科技、体育、环境等方面的热点话题材料。这样做的目的是，不但要保障学生获取基础的语言知识和翻译能力，而且要通过热门话题引起学生的兴趣，关注社会问题。一方面通过有计划的“输入”进行针对性的“输出”，所学即为应用服务，不会与社会脱节；另一方面，能够让学生进一步熟识中国语言文化知识，培养学生的家国情怀。

2. 课堂教学设计

第一，根据翻译课程的教学目标进行“教学假设”。即在认真选取“产出”的任务话题的基础上进行有目的性的“输入”。比如，在给日语三、四年级的学生讲授翻译课程时，尝试和日语翻译专业资格水平考试的

考点对接，从仪式礼仪、观光旅行、文化教育、卫生保健、环境安全、企业商务、经济贸易、金融证券、法律关系、科学技术、国际关系、时事新闻、中日文化等十三个方面进行“输入”，以期更好的“输出”。对于产出导向法的理论而言，这种有针对性的“选择性”学习，可以使学习的焦点更加集中不分散，从而提高学习效率。接下来，我们以企业商务为例，从以“产出”为目的的三个环节“输入驱动”“促成”“评价”着手进行日语翻译课堂教学设计。

第二，由教师设计企业商务单元的交际场景，并在正式授课前让学生明确他们未来可能在企业商务方面碰到的情况和面临的挑战。教师在设计交际场景时，至少要考虑到语言基础知识和交际对话知识的输入等两个方面。而与教师设计的企业商务单元无关的语言基础知识，包括单词、语法等内容不在教师设计的场景的语言目标当中，需要学生在课外自己学习并掌握，这也是“选择性学习”的要求。此外，“产出”任务又分为“复习性”和“迁移性”两种。“复习性”任务，即学生能够掌握课堂内容并能够在未来遇到相同或相似的场景中举一反三地、熟练地应用所学内容，“迁移性”任务指让学生应用课堂所学知识完成其他类似的场景任务。接下来，让学生尝试完成企业商务交际活动。比如，A 公司职员王某某给 B 公司职员李某某打电话：由于日程冲突的关系，A 和 B 两公司开发部部长会议时间由周一下午一点改为周三下午两点。在这个过程当中，会涉及的对话交际大体有三种情况。第一种是：A 公司部长和 B 公司部长周三下午两点都有时间，时间和地点确定。第二种是：B 公司部长周三下午两点没有时间，需要重新确定时间和地点。第三种是：A 公司部长和 B 公司部长周三下午两点都没有时间，需要重新确定时间和地点。除此之外，在 A 公司职员王某某给 B 公司职员李某某打电话的过程中，会涉及打电话的基本用语和商务交际礼仪等内容，而且根据学生日语水平的高低呈现出的交际对话也会多种多样。此时，教师可以根据学生的水平适时地调整任务的难易程度，让学生全员参与到对话当中来，以此激发学生的兴趣和潜能。

第三，教师根据任务的难度，将学生分组或者按照难度将目标任务分为若干个子项目，可以让学生以小组的形式由浅入深、由易到难地完成每个任务。而教师则全程参与其中，检查学生的任务完成情况，及时指出错误并予以更正。当学生能够很好地完成课程以后，教师逐步地降低自己的

“脚手架”的作用，让一些有能力有担当的学生充当“脚手架”，即根据教学目标找寻合适的语言材料或者对目标任务进行补充等等。这种方式不但可以进一步激发学生学习的自主性，也可以增强学生的参与感，由被动学习变为主动学习，提升内在“驱动力”。

3. **总结及评价**

产出导向法认为：产出的“评价”可以分为及时和延时两种。教师可以将整个教学过程录制下来发给学生，让学生在课后复习时对照内容发现并找出不足，同时再次巩固所学内容。而教师也可以根据视频再次查验授课过程，一方面调整教学节奏、改进教学内容；另一方面，可以更好地了解学生对知识的掌握情况。此外，教师可以采取教师评价、师生互评、学生互评等方式，通过书面或者邮件对学生的表现进行评价，也可以与学生一同讨论改进措施，强化学生的参与感，提升学习效果。

（二）运用现代教育技术，丰富翻译教学手段

随着现代教育技术的发展，多媒体、网络、语料库等在外语教学中广泛应用，不仅丰富了教学材料，也改变了传统单一的“黑板+粉笔+课本”的教学方法和手段。目前，多媒体信息系统把文本、声音、图像等多种因素进行集成，信息呈现形式既包括静态的、动态的，也包括视觉的、听觉的，而且易于操作，可以实现人机交互的界面内交互。万维网不仅为学习者和译者提供了大量开放的超文本信息资源，而且也为实时交流和非实时讨论提供了技术支持和便利条件，方便了师生、学生之间互动交流。而电脑语料库（包括原始语料库、附码语料库、平行语料库、学习者语料库、网格式语料库等）因其信息容量大、语料真实、便于检索等优势也在外语中教学研究中发挥着日益重要的作用，不仅用于编写教材，还用于研究学习语言。尤其是课堂教学中，语料库将大量有真实语境意义的实例以数据或语境共现的形式呈现，有助于学习者进行知识认知和建构。可以说，现代教育技术所带来的方法手段的变化将成为外语教育现代化的突破口。

在翻译教学中，现代教育技术促进了翻译教学手段的现代化。无论是教师授课、学生学习还是师生交流，多媒体和网络已经成为重要的信息呈现方式、资料来源渠道和沟通交流媒介。机器翻译、自动编辑与校对软件的使用、信息传送等也成为教学内容之一。尤其是口译或同声传译教学，

如果没有语言实验室、翻译箱等设备则形同虚设。目前通过网络、电视、广播等收集翻译信息和例证（包括纯语言类文章和实用类文章等），在翻译课堂上用多媒体呈现授课信息已经比较普遍。有的教师将所教授翻译理论流派的主要内容、教案、教学反思等上传到网上，同时与相关网站链接，呈现相关知识背景、研究动态、发展趋势等，以加深学生的理解；有的教师借助多媒体与学生分组探讨翻译中的热点问题（如译学框架、译学趋势，翻译研究动态，译业行规等），创设师生互动氛围；有的教师尝试开发翻译教学软件，建构翻译教学平台，以在课堂上对学生的翻译过程进行动态监控、及时反馈、个别指导，学生自身也可以随时了解自己的学习情况；有的翻译老师在广泛搜集资料的基础上，自建教学资源库（如翻译日语语料库、大会翻译资源库、法律翻译资源库、文化资源库、翻译流派资源库等），应用到课堂教学中。鼓励学生到资源库中检索某一翻译现象在口笔译实践中出现的频率，常见的处理方式及效果等，在分析利用语料库资源（如文本等值概率分析、译文风格分析等）的基础上总结规律，提升研究能力。总之，随着信息技术的飞速发展，电脑已经从“辅助”全面走向了教学前台。

三、日语精读课的“产出导向法”优势

为更好地厘清 POA 的特色，本书特选取“任务型教学法”（Task－Based Language Teaching，下文简称 TBLT）为比较对象，原因在于：一方面，TBLT 理论体系比较完善（Ellis 2003；Nunan 2004；Willis &Willis 2007；Long 2015；程晓堂 2004），是国外受到关注最多的语言教学流派（马拯 2017），在我国外语界享有较高的关注度；另一方面，不少大学教师也将 TBLT 应用到日语专业精读课教学。正因为 TBLT 和 POA 存在相似之处，学界开始尝试对这两种教学理论进行比较。

（一）POA 的产出驱动更能有效激发学生内生动力

客观地说，相较于传统的“以课文为中心”的教学模式，TBLT 通过完成任务的形式来学习语言，在一定程度上调动了学生的主观能动性。但对比之下，POA 更胜一筹。TBLT 的任务前阶段，从教师布置任务、示范

任务，到讲授语言点，学生大多处于被动接受的“输入性学习”状态。输入只是单纯地为培养理解能力和增加接受性知识服务、为未来的语言输出打基础（文秋芳 2014：4）。而在 POA 的驱动环节，教师呈现交际场景后，随即要求学生尝试产出，让学生切身体会到现实生活中很有可能真正遇到这个场景，从而产生较强的交际意愿。要真正提高二语环境下日语学习者的语言能力，首先要培养其运用日语进行交际的愿望（Dornyei 2003：12）。POA 通过设计有“潜在交际价值”的产出任务，让学生主动去交流，但囿于自身语言能力，陷入交际困境。正所谓“知不足而后进”，学生一旦明了产出的意义和自身不足后，会更加主动、更加积极、更加有针对性地投入学习。

（二）POA 的教师主导更能有效促成产出任务完成

TBLT 以学生小组讨论为主要活动形式，尽管小组互动对语言习得的作用毋庸置疑，但并非所有发生在学习者之间的交流都有助于语言能力的发展（徐锦芬、寇金南 2017：65）。此外，如何保证每个学生既能参与教学活动，又能保证教学目标的有效实现，是每个教师必须面对的现实难题。在 TBLT 的实际教学中，教师作用被弱化或边缘化，仅仅为学生提供了产出机会，不能给予实质性的帮助，也无法顾及所有小组的讨论，因此经常出现学生用母语交流或“洋夹本”的情况，难以达到预期教学效果。而 POA 主张在教学流程的每个环节教师都要发挥“脚手架”的作用（曹巧珍 2017：16）。教师设计任务时要保证输入与输出的高度契合，当任务难度与学生水平不匹配时，要注意分解任务，缩短输入与输出的距离，降低学生的挫败感。同时，教师要针对每个分任务从观点内容、语言形式、话语结构等三个方面给予帮助和指导。因此，POA 指导下的教学能够保证学生在有限的课堂时间内学成一些事情，让每节课都有实实在在的收获。

（三）POA 的评价方式更能有效增加学生的获得感

从以上设计可以看出，TBLT 的教学步骤中缺少必要的评价机制。其后果很可能是，课堂上学生貌似完成了任务，但究竟效果如何，不得而知。教师将课堂完全交给学生，既削弱了学生完成任务的动力，又不易让学生感受到进步的快乐。而且任务的实施和展示往往耗费大量的课堂时间，限于课时，教师经常为了评价而蜻蜓点水，甚至不予评价，因此很难达到理想的教学效果。POA 体系则不同，评价在其中占据了相当重要的位置。POA 强调对学生的每一项产出任务都必须给予有效地评价，学生在教师的引领下，边学边评、边评边学。同时，产出任务被细化为多项具有"潜在交际价值"的子任务，每次课或每单元结束时，学生都有可见的书面或口头成果。通过形式多样的课内和课外评价方式，学生能够清楚掌握自己的进步，更易获得成就感。同时，POA 提出的"师生合作评价"并非意在消减教师的评价责任。教师一方面要根据学生的特点确定评价内容，担任"决策者"。另一方面，要给学生搭架子，提供必要的帮助，充当"脚手架"（孙曙光 2017：405）。通过教师评价、师生合作评价、学生自评和同伴互评等多种评价方式，学生的每个产出任务都能得到及时、有效、综合的评价，以评为学，评学贯通，提高成效。

四、混合式模式下的日语阅读训练

"微信课堂"+课堂教学的混合式学习模式设计，实施活动和资源设计的实质，就是将特定课程的教学内容和目标逐步分解为具体的工作和任务并确定其序列顺序。笔者将混合式学习过程分为四个环节进行，即课前词汇语法的自主学习输入、教师主导的课堂讲授、课后答疑以及学习资料的提供。第一环节中，教师通过微信公众号上传文本资料和音频微课件，学生依据资料自主完成课前输入后在指定的时间内上线"微信课堂"。将词汇语法部分分配到自学阶段，面对面学习的宝贵时间就可以节省出来用于主导式讲解和互动交流。

（一）课前输入

词汇和语法的学习可以通过学习者的自主学习进行输入。建构主义学习观充分强调学习的主动性，强调学习者以原有知识经验为基础所进行的意义建构。传统课堂中原本全由教师灌输讲解的词汇语法部分在混合式学习模式下由学生自己来完成，意味着学生进入新课前的一种意义建构。进入新课前，教师通过微信公众号发布重点、阅读资料、教学音频等，学生在规定的时间段上线“微信课堂”，在线学生用语音留言读出准备好的单词和句子，教师逐条收听学生的语音留言并进行纠正和解释。学生们根据自己的节奏推进，还可以同时与教师进行一对一的私聊，询问不便于在大家面前提问的问题。学习不受场地、时间的限制，甚至远在日本交换留学的学生也可以上线“微信课堂”与班上同学进行互动。

（二）课堂学习

以《综合日语教程》第四册为例。在第一环节的基础上，课堂上教师重点讲解会话文交际规则。学生们以小组合作的形式进行情境再现练习，以便掌握不同场合中的得体表达，训练跨文化交际能力。阅读文部分重点讲解文章结构、逻辑条理、社会文化日语表达习惯等内容。在教师完成了方向性引导后，学生主体的专题演示说明、交流互动也相继在课堂内展开。例如第四课阅读文“车厢内化妆的女性”是一篇逻辑性很强的议论文，学习目标要求学生能够读懂他人的论点阐述并能够条理清晰地表达自己的观点。该文中的语法除了重点句型“~かのようだ”（好像、似乎）、“~させられる”（使役被动，表示自发感觉）、“~わけだ”（表示推论结果）以外，还需要掌握关系到上下文逻辑关系的接续词。教师讲解接续词后，要求学生写一段逻辑严密的短文表达自己对一个社会问题的看法，要求必须使用“~のだろうか”（难道）、“確かに”（的确）、“しかし”（但是），然后在课堂发言并展开讨论。学生们依次阐述观点并展开讨论，教师进行纠错分析、解释。没有这样的课堂实践，很多看似简单的知识点可能只会停留在读懂原文的水平上，而无法达到理解、掌握、会用。实践演练适合在面对面的课堂中进行，这也是课堂学习最大的优势，其作用是“微信课堂”无法替代的。

（三）课后提升巩固与答疑

这个环节主要是教师在“微信课堂”答疑解惑，帮助学生完成学习迁移。课堂中未能理解的，或者羞于在众人面前提问的内容可以通过微信私聊的方式向老师提问。这个环节的“微信课堂”学习时间不固定。教师针对每个学生不同的性格、学习习惯等特点在私聊中给予建议和指导，帮助学生解决难点问题。师生私聊中的交流与评价更显对个体的尊重。为了增加学生们的阅读量提高阅读理解能力，笔者在自己的微信公众号上推送有关日本社会文化的文章，并不定期在“微信课堂”上进行讨论，以便加深对语法知识点和日本文化的理解。这个环节的评价多依赖于学生自评。为保证学习的有效性，在整个学习过程中，教师的监督与指导贯穿始终，充分体现了微信支持下混合式学习的教师主导—学生主体的教学结构。

（四）教学评价

教学评价的效果在“微信课堂”的教学实践中，科学而又客观的评价是非常重要的，评价不仅仅是打分，它也是教师促进学习的最有效工具。反思以往重考试轻过程的评价方式，笔者采取了形成性评价和终结性评价，形成性评价是对教学过程和学习活动过程的评价，包括内容质疑、互动频率、积极性等；终结性评价是学习活动结束后的总评，主要依据学生的考试。“微信课堂”实践过程中的形成性评价可以更加客观地把握学生的学习情况，同时对平时学习也起到了督促作用。针对影响“微信课堂”教学效果的因素，笔者也进行了问卷调查和深度访谈。在问卷中设置的选项有网络连接不畅、微信课堂实践不合理、受场所限制、与自己的计划冲突、欠缺学习自主性、课业多无法分身等，个别学生还提出了非面对面上课无法集中注意力、不适应网络学习形式、手机功能不好等因素。

从图6-4-1可以看出，影响“微信课堂”教学效果最大的因素是欠缺学习自主性，占到总人数的61.5%，这与访谈调查的情况一致，一半以上学生认为自己对教师课堂讲解比较依赖，习惯了被动接受，这直接影响教与学效果的改善，不利于学生自主知识建构。其次，有46%的学生认为网络连接影响微信上课。网络连接问题主要有网络不畅、手机故障等情况。再次，38%的人认为是受场所限制。集体宿舍嘈杂、定时熄灯等因素，客观上影响了学习效果。另外，大约三分之一的人认为“微信课堂”的时间与自己的计划安排产生冲突。针对“微信课堂”设置不合理的问题，笔者进行了访谈调查，得知这主要指“微信课堂”时间的安排不尽完善，校内活动较多、各科作业无法完成等都会影响学生参与的积极性。而“非面对面上课注意力无法集中”“不适应网络学习形式”的人各有一名，比例分别为3. 8%，这说明绝大多数学生的学习习惯在发生着改变，越来越多的学生通过网络进行移动学习。

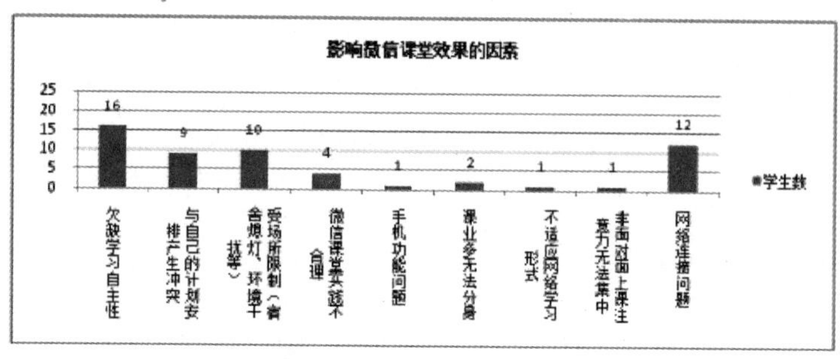

图 6-4-1　影响微信课堂效果的因素

参考文献

[1] 孙满绪. 日语和日本文化 [M]. 北京：外语教学与研究出版社，2007.

[2] 翟东娜主编. 日语语言学 [M]. 高等教育出版社，2006.

[3] 苏新春. 文化语言学教程 [M]. 外语教学与研究出版社，2006.

[4] 杨宏主编. 跨文化交际与外语教学 [M]. 咸阳：西北农林科技大学出版社，2005.

[5] 罗常培. 语言与文化 [M]. 北京出版社，2004.

[6] 王国安，王小曼. 汉语词语的文化透视 [M]. 上海：汉语大词典出版社，2003.

[7] 陈申. 语言文化教学策略研究 [M]. 北京语言文化大学出版社，2001.

[8] 王允. 语言文化与外语教学 [M]. 成都：西南交通大学出版社，2009.

[9] 王秀文. 日本语言 [M]. 外语教学与研究出版社，2007.

[10] 王嬿. 互联网微课资源在日语口语教学中的应用 [J]. 湖北开放职业学院学报，2020，33 (15)：149-150.

[11] 张慕鸿. 混合式教学模式在“基础日语”课程中的应用 [J]. 科教导刊 (下旬)，2020 (06)：113-114.

[12] 郝卓. 多媒体背景下基础日语课程混合式教学模式的构建 [J]. 辽宁工业大学学报 (社会科学版)，2020，22 (03)：133-135.

[13] 米丽萍. 日语精读课混合式教学模式中微课的应用 [J]. 西部素质教育，2020，6 (11)：130-131，138.

[14] 李明英，孙明月. 互联网+背景下线上线下混合式教学设计——以《日语阅读》课为例 [J]. 长江丛刊，2020 (16)：129-130.

[15] 管洁. 混合式教学提高日语专业学生听说能力的探究 [J]. 学园，2020，13 (16)：45-46.

[16] 黄建娜. 基于 THEOL 的大学日语课程混合式教学实践研究 [J]. 湖南科技学院学报，2020，41 (02)：129-131.

[17] 杨婧. "互联网+" 背景下基础日语教学改革的研究与实践 [J]. 国际公关，2020 (03)：127.

[18] 金兰兰. "互联网+" 时代日语交际口语智慧教学的探索与实践 [J]. 教师，2020 (08)：49-50.

[19] 刘霏. 混合式教学模式在日语试听说教学中的应用研究 [J]. 侨园，2020 (03)：157-158.

[20] 米丽萍. 基于微课的 "基础日语课" 混合式教学模式探索 [J]. 韶关学院学报，2020，41 (02)：87-91.

[21] 罗春霞. 基于移动终端的日语阅读课程混合式教学模式改革研究 [J]. 教育信息化论坛，2020，4 (02)：11-12.

[22] 周广瑜. 基于微课的大学外语专业混合式教学模式研究——以日语精读课程为例 [J]. 才智，2020 (02)：22.

[23] 俞璟洁. 大数据背景下日语阅读课程混合式教学分析 [J]. 文化创新比较研究，2020，4 (01)：122-123.

[24] 孙敏. 基于混合式教学的中级日语教学改革 [J]. 外语学界，2019 (5)：108-116.

[25] 刘婷，陈瑶. 慕课支持下的混合式教学模式实验研究——以 "实用日语 (上)" 慕课为例 [J]. 现代教育技术，2019，29 (12)：55-60，40.

[26] 赵宏涛. 日语听力教学中混合式教学策略研究 [J]. 智库时代，2019 (47)：226-227.

[27] 刘琛琛，冯亚静. 基于 "产出导向法" 的 "日语口译" 课程教学实践 [J]. 外语教育研究前沿，2019，2 (04)：63-69，93.

[28] 阿依努尔. 互联网+背景下的基础日语教学研究 [J]. 传播力研究，2019，3 (32)：271.

[29] 许蓓蓓. 大数据背景下日语混合式教学评价体系构建与实践研究 [J]. 创新创业理论研究与实践，2019，2 (20)：73-75.

[30] 崔建伟. 浅析多媒体教学技术的基础 [J]. 无线互联科技, 2016, 22: 92-93

[31] 郝文婷. 多媒体教学技术发展趋势研究 [J]. 信息通信, 2015, 02: 151-152.

[32] 严怡, 方渊, 魏登尖等. 多媒体教学技术下学校课堂的教学迷失 [J]. 成人教育, 2013, 02: 27-29.

[33] 刘春艳. 多媒体教学技术探究 [J]. 大庆师范学院学报, 2010, 06: 150-152.

[34] 冯琳. 多媒体技术对课堂教学的影响研究 [D]. 河北师范大学, 2015.

[35] 乔培. 运用绩效技术理论和方法改善多媒体教学应用效果 [D]. 西北大学, 2010

[36] 李欣. 日语授受表现及其教学指导法 [D]. 渤海大学, 2016.

[37] 张月. 大学日语课程资源研究及其应用指导 [D]. 渤海大学, 2015.

[38] 杨红丽. 日语教学中的文化导入研究 [D]. 山东师范大学, 2015.

[39] 田群群. 中国日语教学语法研究 [D]. 大连海事大学, 2015.

[40] 下冈宏阳. 对外汉语与对外日语汉字教学比较研究 [D] 中国海洋大学, 2015.

[41] 史丽杰. 从日语教学的角度谈母语迁移现象 [D]. 山东师范大学, 2014.

[42] 阎玉杰. 中日语言国际传播比较研究 [D]. 辽宁师范大学, 2014.

[43] 徐慧. 汉日借词与对外日语教学研究 [D]. 苏州大学, 2014.

[44] 石原安美. 汉日语序对比与对汉日语教学 [D]. 辽宁师范大学, 2013.

[45] 孙建新. 关于多媒体教材《体验日语》课件的考察 [D]. 湖南大学, 2013.

[46] 黄彩霞. 日语流行歌曲歌词语言特点研究——日语歌曲与日语教学 [D]. 西南大学, 2012.

［47］王锐. 日语教学中有关中日汉字的形义比较学［D］. 辽宁师范大学，2011.

［48］曾瑶. 日语教学中的文化导入［D］. 江苏大学，2010.

［49］彭琦. 基于网络的多媒体辅助日语强化教学课件的设计与开发［D］. 东北师范大学，2006